Manual de supervivencia para chicas adolescentes

Una guía práctica con los mejores consejos y el paso a paso para aprender a ser auténtica y a desarrollar hábitos positivos

GHIA ARYA

Índice

Introducción

¡Bienvenida, chica increíble! Si estás leyendo esto, es porque sabes que la adolescencia no es un paseo por el parque. Es como si de repente te soltaran en una jungla llena de desafíos, decisiones importantes, amistades confusas y un montón de emociones nuevas. Todo sucede tan rápido que, a veces, puede ser abrumador. Pero, ¡adivina qué! No estás sola en esta aventura, y aquí es donde este libro entra en acción.

¿Por qué un manual de supervivencia?

Seguro te preguntas, *¿por qué necesito un manual de supervivencia si no estoy en una isla desierta?* Bueno, aunque no estés luchando contra tiburones o buscando agua potable, ser adolescente tiene sus propios retos. Cosas como llevarte bien con tus amigos, mantener tus notas, lidiar con las redes sociales, y ¡ni hablar de la presión de encajar! Si a veces te sientes como si tuvieras que ser perfecta en todo, tranquila, **no estás sola**.

Este libro es para ti: la chica que quiere ser ella misma sin perderse en las expectativas de los demás. Es para las chicas que quieren aprender a manejar sus emociones, a tomar decisiones inteligentes, y a construir un futuro brillante sin dejar que el estrés o la ansiedad las detengan.

Lo que aprenderás aquí te cambiará la vida

¿Sabes qué es lo más genial de este libro? Que no es uno de esos libros aburridos llenos de reglas y sermones. Aquí no te vamos a decir qué hacer, sino que te vamos a **enseñar cómo** lograr las cosas por ti misma. Vas a descubrir cómo **crear hábitos exitosos**, cómo manejar tus emociones cuando el mundo parece volverse loco, cómo **ser una mejor amiga** y, sobre todo, cómo **ser la mejor versión de ti misma**.

Si alguna vez te has sentido perdida o insegura, este libro será como esa brújula que siempre te lleve de vuelta al camino. Te daré consejos claros y prácticos que puedes aplicar desde ya para mejorar tu vida en todas esas áreas que a veces pueden parecer un poco complicadas.

¿Cómo usar este manual para sacarle el máximo provecho?

Este no es el típico libro que tienes que leer de principio a fin (aunque créeme, querrás hacerlo). **Puedes saltar a cualquier capítulo que te llame la atención**. Por ejemplo, si ahora mismo te preocupa cómo manejar tu tiempo entre los estudios, las redes sociales y salir con amigas, ve directo al capítulo sobre **gestión del tiempo**. Si lo que te inquieta es cómo hablarle a ese chico que te gusta sin que se te trabe la lengua, el capítulo uno sobre **relaciones y crushes** es para ti. Lo importante es que lo uses de la manera que más te convenga, y cuando lo necesites.

Pero, te diré algo: aunque puedes saltar de un capítulo a otro, leer todo el libro te dará una visión completa y poderosa sobre cómo navegar esta etapa de la vida. Cada capítulo está conectado y, al leerlos todos, tendrás una caja de herramientas más completa para enfrentar cualquier situación que se te presente.

¡Este libro es para chicas reales, como tú!

Este libro fue escrito pensando en ti. Sí, en **todas las chicas adolescentes que, a veces, se sienten un poco abrumadas** por la vida. No eres una máquina que tiene que funcionar perfectamente todo el tiempo. Eres una persona con emociones, dudas, sueños y miedos. **Y eso está bien**. Aquí, no tienes que fingir ser alguien que no eres. Al contrario, mi objetivo es que te sientas cómoda siendo tú misma, tal cual como eres. Porque lo que eres ya es increíble, aunque a veces te cueste verlo.

Cada capítulo tiene algo especial para ti, y sé que cuando termines este libro, te sentirás más preparada y segura para enfrentar lo que venga.

El poder está en tus manos

Aquí está la clave de todo: **tú tienes el poder de hacer grandes cosas con tu vida**. Este libro no te va a cambiar mágicamente, pero te va a dar las herramientas que necesitas para que tú misma realices esos cambios. La fuerza, la valentía y la confianza ya están dentro de ti, este manual solo te ayudará a descubrirlas y utilizarlas de la mejor manera.

¿Estás lista para convertirte en una chica más segura, fuerte y preparada? Este es el principio de algo increíble. Así que ponte cómoda, agarra tu bolígrafo (por si quieres tomar notas) y empecemos juntas esta aventura de autodescubrimiento y empoderamiento.

Te prometo que, cuando llegues al final, estarás más que lista para conquistar el mundo.

Capítulo 1: Conexiones Sociales y Habilidades Interpersonales

"La única manera de tener un amigo es ser uno mismo."
— Ralph Waldo Emerson

Construyendo conexiones saludables

¿Cómo hacer amigos genuinos?

Las amistades genuinas son como esos rayos de sol que iluminan tu día, incluso en los momentos más oscuros. Son las personas que te apoyan en los buenos y malos momentos, y con quienes puedes ser tú misma sin filtros ni máscaras. Pero sabemos que hacer amigos de verdad, aquellos que te aceptan tal como eres, no siempre es fácil, especialmente durante la adolescencia, cuando todo parece estar cambiando tan rápido. Puede que sientas la presión de encajar o de impresionar a los demás, pero **hacer amigos genuinos** no se trata de tener un millón de seguidores en las redes sociales o ser la más popular en la escuela; se trata de **calidad** sobre **cantidad**.

En este capítulo, te mostraré algunos pasos que te ayudarán a encontrar y construir esas amistades sinceras que te harán sentir apoyada y valorada, mientras sigues siendo tú misma en todo momento.

Conoce quién eres: la clave para atraer amistades genuinas

Lo primero que debes tener en cuenta es que **los amigos genuinos te querrán por quién eres**, no por quién intentas ser. La autenticidad es clave para formar relaciones sólidas. Pero para ser auténtica con los demás, primero necesitas conocerte a ti misma. Pregúntate:

- ¿Cuáles son las cosas que realmente me gustan?
- ¿Qué valores son importantes para mí en una amistad?
- ¿Qué cualidades busco en las personas con las que quiero rodearme?

Si te sientes tentada a cambiar quién eres solo para encajar con un grupo, recuerda que las amistades que se basan en una versión falsa de ti misma no durarán. No tengas miedo de mostrar tus gustos, tu estilo o tus ideas. Ser auténtica atraerá a personas que realmente comparten tus intereses y te respetan por quien eres.

Sal de tu zona de confort: oportunidades para conocer nuevas personas

A veces, hacer nuevos amigos requiere que te arriesgues un poco y salgas de tu zona de confort. Esto puede significar participar en actividades nuevas, unirte a clubes o grupos en la escuela, o incluso iniciar una conversación con alguien nuevo. Cuanto más te expongas a diferentes personas y situaciones, más oportunidades tendrás de conocer a alguien con quien conectes.

Algunas ideas para conocer gente nueva pueden incluir:

- Participar en actividades extracurriculares que te gusten (como deportes, teatro, música, arte, etc.).
- Ofrecerte como voluntaria en causas que te apasionen.

- Unirte a grupos de estudio o talleres de temas que te interesen.
- Iniciar una conversación con alguien en clase, en el recreo o en una fiesta (aunque esto puede dar un poco de nervios, ¡valdrá la pena!).

Recuerda que a veces los amigos más genuinos no aparecen en los lugares más obvios. Quizás descubras una amistad increíble en alguien que nunca habías considerado.

Sé una amiga genuina

Si quieres amigos genuinos, lo primero es ser una amiga genuina tú también. Aquí te dejo algunas claves para que tú misma te conviertas en la clase de amiga que quieres atraer:

- **Escucha activamente**: Una de las cualidades más valiosas en una amiga es la capacidad de escuchar sin juzgar ni interrumpir. Cuando escuchas a alguien de verdad, demuestras que te importa lo que tienen que decir y que valoras su punto de vista.
- **Apoya sin esperar nada a cambio**: Los verdaderos amigos no te abandonan cuando las cosas se ponen difíciles. Si alguien que te importa está pasando por un mal momento, muestra tu apoyo con gestos sinceros, como enviarle un mensaje de ánimo o estar a su lado cuando lo necesite.
- **Sé honesta, pero con tacto**: La sinceridad es fundamental en cualquier relación, pero eso no significa que tengas que ser cruel. Aprende a comunicarte con respeto y empatía, incluso cuando tengas que decir algo difícil.
- **Respeta el espacio personal**: No todas las amistades son igual de cercanas todo el tiempo, y eso está bien. Dale a tus amigos el espacio que necesiten cuando lo necesiten, y no te lo tomes como algo personal.

Reconoce cuándo una amistad no es genuina

No todas las personas que entran en tu vida están destinadas a quedarse, y no todas las amistades serán auténticas. Es importante que aprendas a **identificar cuándo una relación no es sana** o no es genuina, y que tengas el valor de alejarte si es necesario. Algunos signos de una amistad tóxica pueden incluir:

- **Falsedad o hipocresía**: Si una persona te trata bien cuando están solas pero habla mal de ti a tus espaldas, esa no es una amistad genuina.
- **Competitividad constante**: Un amigo verdadero se alegrará por tus éxitos y no intentará minimizar lo que logras. Si alguien siempre trata de competir contigo o hacerte sentir menos, esa amistad puede no ser la mejor para ti.
- **Dependencia emocional**: Las amistades saludables tienen equilibrio. Si sientes que una amiga siempre depende de ti para todo y te sientes agotada emocionalmente, quizás sea momento de establecer límites.

La paciencia es clave: las amistades genuinas llevan tiempo

Las verdaderas amistades no se construyen de la noche a la mañana. A veces, puede parecer que todo el mundo tiene su "mejor amigo" excepto tú, pero recuerda que las relaciones más fuertes suelen tomar tiempo en desarrollarse. Ten paciencia contigo misma y con los demás. Es mejor tomarse el tiempo necesario para formar amistades profundas y significativas que apresurarse a tener muchas conexiones superficiales.

Confía en el proceso. A lo largo de la vida, encontrarás personas que estarán ahí para ti de forma genuina, y al mismo tiempo, tú serás una persona valiosa para ellos.

La amistad no se trata de cantidad, sino de calidad

En un mundo donde las redes sociales nos hacen creer que tener cientos de "amigos" es lo ideal, es importante recordar que la cantidad de amigos no importa tanto como la calidad de las amistades que tienes. No te preocupes si no tienes un grupo enorme de amigos. Si puedes contar con una o dos personas que te apoyen de verdad, ya tienes mucho.

Las mejores amistades no son las que más likes te dan o con las que más sales de fiesta, sino aquellas que están cuando realmente las necesitas y que te aceptan tal como eres.

Los círculos sociales en la escuela

La escuela es como una especie de ecosistema social. Hay diferentes grupos, intereses y personalidades, cada uno formando su propio "círculo". Algunas veces, puede parecer que todos tienen su lugar, menos tú. Ya sea que estés en la secundaria o preparatoria, navegar estos círculos sociales puede sentirse como tratar de descifrar un mapa complicado. ¿Dónde encajas? ¿Cómo te relacionas con diferentes personas? ¿Es posible moverse entre varios grupos sin perder tu identidad?

La respuesta corta es: ¡sí, puedes hacerlo! Y lo más importante, puedes hacerlo siendo auténtica.

Entendiendo los Círculos Sociales

Lo primero que debes entender es que los círculos sociales no son tan rígidos como parecen. Aunque desde afuera puede parecer que cada grupo es exclusivo y cerrado, la realidad es que la mayoría de los adolescentes también están descubriendo dónde encajan y quiénes son. Incluso las personas que parecen ser súper populares o tener su grupo perfecto pueden estar pasando por inseguridades similares a las tuyas.

Existen diferentes tipos de grupos en la escuela, como:

- Los populares: Generalmente, son el centro de atención. Puede parecer que tienen todo bajo control, pero muchas veces también enfrentan mucha presión social.
- Los estudiosos: Tienen un enfoque fuerte en sus calificaciones y pueden parecer más tranquilos, pero también tienen intereses y pasiones más allá de los estudios.
- Los deportistas: Pasan mucho tiempo entrenando o compitiendo, pero eso no significa que no tengan otras facetas de su personalidad.
- Los creativos/artísticos: Son aquellos a los que les gusta el arte, la música, el teatro o cualquier forma de expresión creativa.
- Los solitarios: A veces parece que prefieren estar solos o en grupos pequeños, pero eso no significa que no estén abiertos a hacer nuevas amistades.

Cada grupo tiene su propia dinámica, pero eso no significa que debas encajar perfectamente en uno solo. De hecho, es completamente posible formar parte de diferentes grupos o moverte entre ellos según tus intereses y quién te haga sentir más cómoda en ese momento.

¿Cómo Encajar sin Perder tu Autenticidad?

Uno de los mayores miedos cuando intentas encajar en un grupo es sentir que debes cambiar quién eres para ser aceptada. Esto no solo es agotador, sino que, al final, puede llevar a relaciones superficiales y a una sensación de vacío. La clave para navegar los círculos sociales en la escuela es ser auténtica en todo momento.

Ser auténtica significa ser tú misma en todo momento, sin tratar de impresionar a los demás ni cambiar para encajar en lo que otros esperan de ti. Es aceptar quién eres, con tus virtudes, tus defectos, tus gustos y tus rarezas, y estar orgullosa de todo eso. La autenticidad es lo contrario a pretender o fingir ser alguien que no eres.

Aquí hay algunos consejos para encajar sin perderte a ti misma:

- Sé fiel a tus intereses: Si te gusta la lectura, el cine, o los videojuegos, no lo ocultes solo para parecer más "cool". Encontrarás personas que comparten tus intereses si te mantienes auténtica.
- No fuerces las amistades: Si sientes que debes esforzarte demasiado para ser aceptada por un grupo, puede que ese no sea el lugar adecuado para ti. Las mejores conexiones ocurren cuando las personas te aceptan tal como eres.
- Adapta tu comportamiento, pero no tu personalidad: Está bien ajustar ciertos aspectos, como el tipo de conversaciones o actividades que disfrutas, según el grupo. Sin embargo, nunca cambies tu esencia o valores fundamentales solo para encajar.

Construyendo Conexiones en Diversos Círculos

Una de las habilidades más valiosas que puedes desarrollar es la capacidad de moverte entre diferentes grupos sociales. Esto no significa que debes ser amiga de todos o estar en todos los círculos al mismo tiempo, sino que puedes ser flexible y abierta a diferentes tipos de personas. Esta habilidad te permitirá tener una experiencia social más rica y equilibrada.

Aquí algunos tips para hacer conexiones en diferentes círculos:

- Mantén la mente abierta: A veces, nos cerramos a ciertos grupos porque creemos que no tenemos nada en común con ellos. Intenta estar abierta a conocer personas nuevas, incluso si en un primer momento no parecen compartir tus intereses.
- Encuentra puntos en común: Siempre hay algo que puedes compartir con alguien, incluso si vienen de diferentes grupos. Tal vez compartan una clase, disfruten de un deporte o actividad extracurricular, o simplemente les guste la misma música.
- Sé amable y accesible: La amabilidad siempre abre puertas. Sonríe, muestra interés genuino en lo que dicen los demás y mantén una actitud abierta. No subestimes el poder de un simple "hola" o de una conversación casual para construir una nueva amistad.

Evita las etiquetas: Todos son más de lo que parecen

Una de las trampas comunes al navegar los círculos sociales es caer en la tentación de etiquetar a las personas. "Ella es la popular", "él es el nerd", "ellos son los raros". Estas etiquetas pueden hacer que veas a las personas de manera superficial y te pierdas de conocerlas realmente.

Recuerda que cada persona es mucho más que la etiqueta que le ponen. Alguien puede ser buen estudiante y también tocar la guitarra en su tiempo libre. La chica que ves siempre sola en el recreo puede tener un talento increíble para escribir. Intenta ir más allá de las apariencias y estar abierta a descubrir quiénes son realmente las personas a tu alrededor.

No Tienes que Pertenecer a un Solo Círculo

A veces, puedes sentir que necesitas "elegir" un solo grupo al que pertenecer, pero la verdad es que no tienes que limitarte a un solo círculo social. Está bien tener amigos en diferentes grupos, o incluso no encajar perfectamente en ninguno. La diversidad en las conexiones sociales te permite conocer diferentes perspectivas y crecer como persona.

Ser parte de varios círculos sociales te da flexibilidad para explorar diferentes aspectos de tu personalidad. Puedes disfrutar de la música y la creatividad con un grupo de amigos, mientras que con otro puedes compartir el interés por los deportes o los estudios. No te limites: la adolescencia es una etapa para descubrir quién eres y quién quieres ser, y eso incluye formar parte de diversos círculos sin perder tu esencia.

¿Cómo Identificar Relaciones Tóxicas y Cómo Manejarlas?

Durante la adolescencia, nuestras relaciones, ya sea con amigos, familiares o incluso parejas, tienen un gran impacto en cómo nos sentimos y cómo vemos el mundo. Cuando una relación es saludable, nos sentimos apoyadas, valoradas y seguras. Sin embargo, no todas las relaciones lo son. A veces, podemos encontrarnos atrapadas en una relación que nos hace sentir incómodas, tristes o incluso inseguras. Estas son las llamadas relaciones tóxicas.

Identificar y manejar una relación tóxica es fundamental para proteger tu bienestar emocional y mental. Pero, ¿cómo puedes saber si estás en una relación tóxica? ¿Y qué puedes hacer para salir de ella?

¿Qué es una relación tóxica?

Una relación tóxica es aquella que te afecta negativamente en lugar de aportarte bienestar. En lugar de hacerte sentir bien y segura, las relaciones tóxicas te hacen sentir emocionalmente agotada, menospreciada o manipulada. Pueden aparecer en cualquier tipo de vínculo: amistades, relaciones románticas, familiares, e incluso con compañeros de clase. Lo peligroso de estas relaciones es que, al principio, puede no ser tan obvio que son tóxicas. A veces, los comportamientos dañinos se desarrollan poco a poco, y de repente te das cuenta de que la relación ya no es sana para ti.

¿Cómo identificar una relación tóxica?

Para identificar una relación tóxica, es importante que te tomes un momento para reflexionar sobre cómo te sientes con esa persona. Si, en lugar de sentirte feliz y apoyada, constantemente te sientes insegura, ansiosa o de mal humor después de pasar tiempo con ella, podría ser una señal de alarma. A continuación, te dejo algunas preguntas que pueden ayudarte a analizar la situación:

- ¿Te sientes criticada o juzgada constantemente por esta persona, incluso en pequeñas cosas?
- ¿Te hace sentir culpable por cosas que no son tu responsabilidad?
- ¿Esta persona siempre quiere tener el control de la relación, o de tus decisiones?
- ¿Notas que estás cambiando aspectos de tu personalidad solo para evitar peleas o conflictos con ella?
- ¿Te sientes manipulada o emocionalmente manipulada para hacer cosas que no quieres?
- ¿Te da la sensación de que siempre tienes que complacer a esta persona, sin que se preocupe por tus necesidades?

Si respondiste "sí" a varias de estas preguntas, es probable que estés en una relación tóxica. Las relaciones tóxicas a menudo se caracterizan por un desequilibrio de poder, donde una persona tiende a dominar a la otra, ya sea a través de manipulación, control o simplemente al ignorar las emociones y necesidades del otro.

Tipos de comportamientos tóxicos

Existen diferentes tipos de comportamientos tóxicos que pueden aparecer en una relación. Aquí te describo algunos de los más comunes:

- Manipulación emocional: La manipulación ocurre cuando alguien te hace sentir culpable o te presiona emocionalmente para que hagas algo que no quieres. Por ejemplo, si tu amiga te amenaza con dejar de hablarte si no haces lo que quiere, está manipulando tus emociones.
- Control excesivo: En una relación tóxica, una persona puede intentar controlar cada aspecto de tu vida: desde con quién hablas, hasta lo que haces en tu tiempo libre. Este control puede parecer sutil al principio, pero con el tiempo se vuelve más dominante y asfixiante.
- Crítica constante: Si alguien constantemente señala tus errores o te hace sentir que no eres lo suficientemente buena, está minando tu autoestima. Las críticas destructivas pueden debilitarte y hacerte dudar de ti misma.
- Celos y posesividad: En una relación tóxica, la otra persona puede mostrar celos extremos o intentar aislarte de tus otros amigos. Esto puede hacerte sentir atrapada o aislada, lo cual es un signo claro de una relación dañina.

¿Cómo manejar una relación tóxica?

Una vez que hayas identificado que estás en una relación tóxica, el siguiente paso es decidir cómo manejarla. Dependiendo de la situación, hay diferentes formas de actuar. Lo más importante es que priorices tu bienestar y te sientas segura en cualquier decisión que tomes.

Primero, debes reconocer que no es tu culpa. A menudo, en una relación tóxica, la persona tóxica intentará hacerte sentir responsable de los problemas o conflictos. Pero no es tu deber soportar un mal trato. Si alguien te está haciendo daño, no tienes que aceptarlo.

Hablar con la persona puede ser el primer paso. En algunos casos, las personas pueden no ser conscientes del daño que están causando. Si crees que es posible, intenta hablar de forma abierta y honesta con la persona involucrada. Explica cómo te sientes y dale ejemplos concretos de cómo su comportamiento te está afectando. Si es receptiva, tal vez puedan trabajar juntas para mejorar la relación.

Sin embargo, no siempre es posible o seguro resolver una relación tóxica mediante la comunicación. Si la persona no muestra interés en cambiar o, peor aún, reacciona de manera agresiva o manipuladora, es hora de considerar alejarte de esa relación. Puede ser difícil, sobre todo si se trata de una amistad cercana o una relación romántica, pero tu salud emocional es lo más importante.

Alejarte de una relación tóxica

Romper una relación tóxica no siempre es fácil, especialmente si tienes lazos profundos con la persona o si llevas mucho tiempo en esa relación. Sin embargo, alejarte es necesario para protegerte y empezar a sanar. Si te sientes insegura sobre cómo hacerlo, aquí tienes algunas pautas que pueden ayudarte:

- Crea distancia: Comienza limitando el tiempo que pasas con esa persona. Si es posible, evita los encuentros cara a cara o las conversaciones innecesarias. Darte espacio físico y emocional te ayudará a ver la situación con más claridad.
- Apóyate en otros: Busca apoyo en amigos, familiares o personas de confianza. Contar con una red de apoyo te dará la fuerza que necesitas para alejarte de la relación tóxica. A veces, una perspectiva externa puede ayudarte a ver con más claridad lo que está sucediendo.
- Establece límites claros: Si es alguien con quien aún tendrás que convivir o compartir espacios (como compañeros de clase o de equipo), establece límites claros sobre cómo interactuar. No temas decir "no" cuando sea necesario y proteger tu espacio personal.
- Acepta que no puedes cambiar a los demás: Una de las lecciones más importantes al manejar una relación tóxica es reconocer que no puedes cambiar a la otra persona. Solo puedes controlar tu reacción y decidir cómo te protegerás.

Sanar después de una relación tóxica

Alejarte de una relación tóxica no es el final del proceso, es el comienzo de tu sanación personal. Es normal que después de salir de una relación dañina sientas confusión, tristeza o incluso culpa. Pero recuerda que el hecho de que hayas reconocido el problema y tomado medidas para solucionarlo ya es un gran logro.

Dale tiempo a tu corazón y mente para procesar lo que has vivido. Reflexiona sobre lo que aprendiste y cómo estas experiencias pueden ayudarte a elegir relaciones más saludables en el futuro. Rodéate de personas que te valoren y que te apoyen en este proceso de sanación.

Ser tú misma sin miedo

Enfrentando la Presión de Grupo: ¿Por qué es tan difícil decir "No"?

La presión de grupo es uno de los mayores retos a los que te enfrentas durante la adolescencia. En este momento de tu vida, es normal querer encajar, sentirte aceptada y no destacar demasiado. Pero a veces, esa necesidad de ser parte del grupo puede llevarte a hacer cosas que no te hacen sentir bien, o que van en contra de lo que realmente quieres o crees. Enfrentar la presión de grupo es complicado porque, a menudo, puede parecer que si no haces lo que los demás esperan de ti, podrías perder amigos, ser criticada o incluso quedarte sola.

Lo que debes saber es que todos enfrentan la presión de grupo en algún momento, y es completamente normal sentir ese deseo de encajar. Pero la clave está en aprender a manejar esa presión sin perder tu autenticidad y sin comprometer quién eres solo para agradar a los demás.

¿Qué es la presión de grupo?

La presión de grupo ocurre cuando las personas a tu alrededor, ya sean amigos, compañeros de clase o incluso personas que no conoces tanto, **te influyen o te presionan** para hacer algo que quizás no harías por ti misma. Puede ser algo tan simple como seguir una moda que no te gusta, o algo más serio, como involucrarte en comportamientos que no te hacen sentir cómoda o segura.

La presión de grupo no siempre es obvia. A veces, puede ser sutil y difícil de identificar. Puede presentarse en forma de miradas, comentarios casuales o incluso bromas que te hagan sentir que si no sigues al grupo, no encajarás. Y esto, aunque parezca insignificante, puede impactar mucho en cómo te sientes contigo misma.

¿Cómo identificar la presión de grupo?

Es importante que aprendas a reconocer cuándo te están presionando para hacer algo que no te hace sentir bien. A veces, esa presión puede ser directa, como alguien diciéndote que debes probar algo o hacer algo porque "todos lo están haciendo". Pero otras veces, es más sutil, y puede ser más una sensación de incomodidad o ansiedad cuando te das cuenta de que los demás esperan algo de ti.

Pregúntate:

- ¿Estoy haciendo esto porque realmente quiero, o solo para que los demás me acepten?
- ¿Me siento incómoda o nerviosa cuando pienso en hacer esto?
- ¿Tengo miedo de lo que los demás pensarán de mí si digo "no"?
- ¿Siento que no tengo otra opción que seguir al grupo?

Si respondes "sí" a alguna de estas preguntas, es posible que estés enfrentando presión de grupo. Es importante que reconozcas estos momentos, porque ser consciente de lo que está pasando es el primer paso para poder manejar la situación.

Consejos para enfrentar la presión de grupo

Manejar la presión de grupo puede ser complicado, pero aquí te dejo algunos consejos prácticos para que puedas hacerlo sin miedo y sin perder tu autenticidad.

Primero, **aprende a decir "no" con confianza**. Decir "no" no siempre es fácil, especialmente cuando todos a tu alrededor parecen estar de acuerdo en hacer algo. Pero recuerda que tienes todo el derecho a establecer tus propios límites. Puedes negarte de una manera firme pero educada. No necesitas dar explicaciones largas ni excusas. A veces, un simple "No, gracias, prefiero no hacerlo" es suficiente. Decir "no" es una manera de mostrar que respetas tus propios valores y decisiones.

Otra técnica que puedes usar es **proponer una alternativa**. Si tus amigos están insistiendo en hacer algo que no te interesa o te incomoda, en lugar de simplemente rechazar la idea, sugiere otra actividad o plan. Por ejemplo, si te invitan a una fiesta que no te entusiasma, podrías proponer salir a ver una película o hacer algo diferente. De esta forma, mantienes el control de la situación sin parecer que te estás alejando del grupo.

También es útil **buscar apoyo en amigos que piensen como tú**. Si te rodeas de personas que comparten tus valores y respetan tus decisiones, será mucho más fácil manejar la presión de grupo. Este tipo de amigos no solo te entenderán cuando te niegues a hacer algo que no quieres, sino que también te apoyarán y respaldarán en tus decisiones. A veces, tener a una persona a tu lado que también diga "no" hace que sea mucho más fácil resistir la presión.

La importancia de ser tú misma

Enfrentar la presión de grupo sin perder tu identidad puede ser desafiante, pero es uno de los actos más valientes que puedes hacer. Ser tú misma significa valorar tus propios deseos, ideas y creencias por encima de lo que los demás esperan de ti. No significa que siempre será fácil; de hecho, a veces puede ser difícil, especialmente si tus amigos o compañeros no entienden por qué decides no seguir la corriente. Pero ser fiel a ti misma te ayudará a sentirte más fuerte, segura y, sobre todo, auténtica.

Al final del día, ser tú misma sin miedo te dará mucho más que seguir a los demás solo por encajar. Cuando te atreves a ser fiel a tus valores, las personas que realmente te aprecian por lo que eres te respetarán y valorarán aún más. No necesitas cambiar para complacer a nadie, y las personas que realmente valen la pena en tu vida serán aquellas que te acepten tal como eres.

¿Qué hacer cuando la presión se vuelve intensa?

A veces, la presión de grupo puede sentirse abrumadora, y puede ser difícil lidiar con ella por tu cuenta. Si sientes que la presión está afectando tu bienestar emocional o te está empujando a hacer cosas que no quieres hacer, hablar con un adulto de confianza puede ayudarte. Esto puede ser un padre, un maestro, un consejero o cualquier persona que te apoye y entienda tu situación. Pedir ayuda no es una señal de debilidad, al contrario, es un acto de valentía y autocuidado.

Además, no subestimes el poder de tomarte un descanso del grupo si sientes que la presión es constante. A veces, alejarse por un tiempo te dará la perspectiva que necesitas para tomar decisiones con claridad y no dejarte llevar por el impulso del momento.

Decir "No" sin Sentir Culpa

Decir "no" parece algo simple, pero cuando enfrentas la presión social, esa pequeña palabra puede volverse increíblemente difícil de pronunciar. Es normal que quieras complacer a tus amigos o sentir que encajas, y a veces parece más fácil ir con la corriente y hacer lo que los demás quieren, incluso si no te sientes cómoda. Sin embargo, aprender a decir "no" de manera firme y sin culpa es una de las habilidades más poderosas que puedes desarrollar para ser fiel a ti misma y proteger tu bienestar.

¿Por qué es tan difícil decir "no"?

Durante la adolescencia, es común sentir que debes complacer a los demás o evitar el conflicto a toda costa. A veces, decir "no" puede parecer un acto egoísta o puede generar miedo a que tus amigos se molesten o te rechacen. Temes que al negarte a algo, las personas piensen mal de ti, te critiquen o incluso te excluyan. Esta es una sensación completamente normal, pero lo importante es entender que decir "no" no te convierte en una mala persona.

Cuando siempre dices "sí", incluso a cosas que no quieres hacer, comienzas a poner las necesidades de los demás por encima de las tuyas, lo que puede hacerte sentir frustrada, agotada o incluso resentida. Decir "no" no solo es necesario para tu bienestar emocional, sino que también es una forma de establecer límites y asegurarte de que te respeten por quién eres y lo que realmente deseas.

¿Cómo aprender a decir "no" sin sentir culpa?

El primer paso para aprender a decir "no" es reconocer que no tienes que complacer a todo el mundo. La presión de agradar a los demás o evitar conflictos no debe ser más importante que tu propia paz mental. No siempre podrás hacer feliz a todo el mundo, y está bien. Tienes derecho a poner límites y a defender lo que te hace sentir bien o lo que es mejor para ti.

Al aprender a decir "no", también es crucial que entiendas que no necesitas justificarte en exceso. Es fácil caer en la trampa de dar largas explicaciones o excusas para suavizar la negativa, pero en realidad, no siempre es necesario. Un simple y directo "no, gracias" puede ser suficiente. Cuanto más segura te sientas en tus decisiones, menos necesidad tendrás de explicar cada rechazo.

Una forma efectiva de decir "no" sin culpa es usar el lenguaje positivo. Esto significa rechazar algo de manera educada pero firme, y al mismo tiempo, demostrar que sigues valorando la relación con la otra persona. Por ejemplo, si tus amigos te invitan a una fiesta a la que no quieres ir, puedes decir algo como: "Gracias por invitarme, pero no me siento con ganas de salir hoy. Espero que lo pasen genial". De esta manera, dejas claro que valoras su invitación, pero sigues siendo fiel a ti misma.

Decir "no" también es una forma de autocuidado

Decir "no" no es egoísta, es una forma de autocuidado. Cuando te sientes presionada a hacer algo que no te hace feliz o que no va contigo, negarte es una forma de protegerte emocionalmente. Establecer límites claros es esencial para tu bienestar, y al decir "no", te estás priorizando a ti misma, lo cual es completamente saludable.

A lo largo de la vida, descubrirás que siempre habrá momentos en los que tengas que elegir entre lo que los demás quieren que hagas y lo que realmente te hace sentir bien. El **autocuidado** significa respetar tus propias emociones y necesidades, incluso cuando eso implique decepcionar a otros. Si algo no te hace sentir cómoda o te genera estrés, no está mal decir que no. Es más, cuando dices "no", te permites más tiempo y espacio para enfocarte en las cosas que realmente importan y que te hacen feliz.

Cómo superar la culpa después de decir "no"

Es posible que, después de decir "no", sientas culpa o incomodidad, como si hubieras decepcionado a alguien. Pero es importante que entiendas que no siempre tienes que hacer lo que los demás esperan de ti. Esos sentimientos de culpa son una reacción natural cuando estás acostumbrada a complacer a los demás, pero con el tiempo aprenderás a manejarlos y a darte cuenta de que poner límites no es algo malo.

Para superar esa culpa, intenta recordar lo siguiente: Tus decisiones valen tanto como las de los demás. Si decides no hacer algo, no es un reflejo de tu valor como amiga o como persona. Es simplemente una expresión de lo que te hace sentir bien en ese momento. Todos tienen derecho a decir "no" cuando lo consideran necesario, y eso incluye a ti.

Hablar con una persona de confianza también puede ayudarte a lidiar con esos sentimientos. A veces, expresar en voz alta lo que sientes te permitirá ver la situación desde una perspectiva diferente y recordarte que estás tomando la mejor decisión para ti. Recuerda que decir "no" a algo que no quieres hacer no te hace menos valiosa, y no define quién eres.

¿Qué pasa si alguien se molesta?

Una de las mayores preocupaciones al decir "no" es cómo reaccionarán los demás. Quizás tengas miedo de que tus amigos se enojen, se sientan decepcionados o incluso se alejen de ti. Aunque es natural preocuparse por cómo las personas reaccionan, es importante recordar que **no puedes controlar las emociones o acciones de los demás**.

Si alguien se molesta porque dices "no", es una buena oportunidad para evaluar la relación que tienes con esa persona. Los amigos genuinos entenderán tus razones y respetarán tus límites, incluso si no están de acuerdo con tu decisión. Si alguien se aleja de ti solo porque no cumpliste sus expectativas, tal vez esa relación no era tan sana como pensabas.

Es normal que haya momentos incómodos después de decir "no", pero si alguien realmente te valora, entenderá que no siempre puedes decir "sí" a todo. En cambio, si la relación se daña porque estableces un límite, eso puede ser una señal de que esa amistad o relación no es tan positiva para ti.

Decir "no" fortalece tu confianza

Cada vez que dices "no" sin sentir culpa, estás fortaleciendo tu autoestima y tu confianza. Te estás recordando a ti misma que tus opiniones y decisiones importan, y que no necesitas complacer a todo el mundo para ser querida o aceptada. Con el tiempo, aprenderás que no es solo posible, sino también necesario decir "no" de vez en cuando, y te sentirás más segura al hacerlo.

Cada vez que te atreves a decir "no", estás tomando el control de tu vida. Estás estableciendo tus propios límites y decisiones, y eso es algo extremadamente poderoso. No dejes que el miedo al rechazo o la culpa te impidan ser fiel a ti misma. Ser auténtica significa saber cuándo es el momento de decir "sí" y cuándo es el momento de decir "no", y ambas respuestas son igualmente válidas.

Mantener tu Autenticidad en Redes Sociales y en Persona

En la era de las redes sociales, mantener tu autenticidad puede sentirse como una tarea complicada. Las expectativas, los "likes" y los filtros parecen dictar cómo deberíamos ser o comportarnos. Es fácil sentirte presionada para mostrar solo las mejores versiones de ti misma, o peor aún, cambiar por completo quién eres para encajar en lo que otros esperan ver. Sin embargo, ser auténtica, tanto en redes como en persona, es crucial para sentirte segura, valorada y en paz contigo misma.

La buena noticia es que sí puedes ser tú misma en ambas esferas, sin miedo a lo que piensen los demás. La clave está en mantener la coherencia entre quién eres y cómo te presentas, y en no caer en la trampa de compararte constantemente con los demás. Vamos a explorar cómo puedes lograrlo.

La trampa de las redes sociales

Las redes sociales pueden ser un lugar increíble para conectarte con amigos, descubrir nuevas ideas y expresarte, pero también pueden ser una fuente constante de presión. Fotos perfectamente editadas, momentos felices y vidas aparentemente "perfectas" pueden hacerte sentir que no eres suficiente o que tienes que cambiar para parecerte más a los demás. Pero lo que ves en las redes sociales no siempre es la realidad. Las redes solo muestran una parte de la vida de las personas, y a menudo, es la parte más editada, filtrada y cuidadosamente seleccionada.

Es fácil olvidar que detrás de cada foto perfecta puede haber una serie de problemas, inseguridades o desafíos que no se ven en pantalla. Por eso, es importante que no compares tu vida real con lo que ves en las redes sociales. Comparar la versión real de ti con la versión más editada de los demás solo genera estrés y ansiedad. Recuerda que lo que ves no siempre es la historia completa.

¿Cómo mantener tu autenticidad en redes sociales?

Para mantener tu autenticidad en redes sociales, lo primero que debes hacer es publicar lo que realmente te representa. No sientas la presión de seguir las últimas tendencias si no te identificas con ellas. Comparte las cosas que te hacen feliz y que reflejan tus intereses, tus pensamientos y tu personalidad. Si amas leer, tocar guitarra, haces deporte o disfrutas dibujar, muéstralo con orgullo. No necesitas modificar quién eres para que los demás te den más "likes". Tus publicaciones deben reflejar lo que te importa a ti, no lo que crees que atraerá más atención.

Una forma de mantenerte auténtica es también ser honesta con tus seguidores. No es necesario compartir cada detalle de tu vida, pero ser transparente en cómo te sientes puede ayudar a que las personas conecten más contigo de una manera genuina. Si estás pasando por un mal día o simplemente no te sientes "perfecta", está bien decirlo. Al mostrar que no todo en la vida es perfecto, puedes ayudar a otras personas a sentir que no están solas en sus propios desafíos.

También es importante que limites el uso de filtros y edición si sientes que te alejan de quién eres realmente. Está bien usar herramientas que mejoren la calidad de las fotos o que te diviertan, pero cuando empiezas a cambiar completamente tu apariencia o intentas ajustar tu vida a una versión idealizada, es cuando comienzas a perder autenticidad. Tu valor no depende de lo perfecta que luzcas en una foto, sino de quién eres como persona.

Mantener tu autenticidad en persona

Si bien las redes sociales pueden ser un lugar de presión, la vida real no se queda atrás. En la escuela, en el grupo de amigos o en tu círculo social, también puedes sentir que debes actuar de cierta manera para encajar. Pero mantener tu autenticidad en persona es igual de importante. Ser auténtica significa ser coherente con tus valores, tus emociones y tus decisiones, sin importar quién esté a tu alrededor.

A veces, puedes sentir la presión de cambiar tu forma de hablar, vestir o actuar para ser aceptada por otros, pero al hacerlo, solo terminas sintiéndote desconectada de ti misma. La clave para mantener tu autenticidad es reconocer que no tienes que ser como los demás para ser valiosa. De hecho, lo que te hace única es lo que más te distingue y te da fuerza.

Consejos para ser auténtica en redes y en persona

- Sé coherente con tus valores: Ya sea en redes sociales o en la vida real, siempre actúa de acuerdo a lo que crees. Si algo no va con tus principios o no te sientes cómoda con una situación, está bien decir que no o no participar. No tienes que seguir a los demás solo para ser aceptada.
- No busques la validación externa: Uno de los mayores obstáculos para ser auténtica es el deseo constante de aprobación de los demás. Recuerda que no necesitas los "likes" ni la validación de otras personas para ser valiosa. Tu autoestima no debe depender de cuántas personas aprueben lo que haces o cómo luces. Tú vales por lo que eres, no por lo que otros piensan de ti.
- Rodéate de personas que te valoren por quien eres: Tener amigos y personas cercanas que te acepten tal como eres hará que sea más fácil mantener tu autenticidad. Cuando estás con personas que te apoyan y te valoran, no sientes

la necesidad de cambiar ni de ajustarte a sus expectativas. Busca siempre rodearte de personas que respeten y celebren tu verdadero yo.

- Acepta tus imperfecciones: Parte de ser auténtica es aceptar que no eres perfecta, y eso está bien. Nadie lo es. No tienes que esconder tus defectos o fingir que siempre tienes todo bajo control. Aceptar tus imperfecciones y mostrarte vulnerable en algunos momentos te ayudará a conectarte de manera más genuina con los demás.

Cómo manejar la presión de ser "perfecta"

Uno de los mayores obstáculos para mantener tu autenticidad, tanto en redes como en la vida real, es la presión de ser "perfecta". Parece que todos esperan que siempre estés bien, que luzcas de una manera específica o que sigas las últimas tendencias. Pero intentar ser perfecta es agotador y, al final, nunca es suficiente. La perfección es un estándar inalcanzable y, lo más importante, innecesario.

Para manejar esta presión, comienza por reconocer que no necesitas ser perfecta para ser aceptada o amada. Tus errores y tus imperfecciones son lo que te hacen humana. Ser auténtica es mucho más valioso que intentar ser perfecta. Cuando te permites ser tú misma, los demás pueden ver tu verdadera personalidad y conectarse contigo de una manera más profunda.

Otra clave para manejar esta presión es establecer límites saludables. Si sientes que las redes sociales te están afectando negativamente o te están haciendo sentir insegura, toma un descanso. No tienes que estar siempre conectada o compartir cada detalle de tu vida. Protege tu espacio mental y emocional alejándote de situaciones o personas que te hagan sentir menos.

La autenticidad atrae a las personas correctas

Cuando eres auténtica, tanto en redes sociales como en la vida real, comienzas a atraer a las personas que realmente te valoran por quién eres, no por lo que aparentas ser. No todas las personas te van a entender o aceptar, pero eso está bien. Las personas que realmente importan son aquellas que te aceptan con tus defectos, tus diferencias y todo lo que te hace única.

Recuerda que al ser auténtica, estás enviando el mensaje de que te valoras lo suficiente como para ser tú misma, sin importar las expectativas externas. La autenticidad es magnética: atrae a personas que buscan conexiones reales y significativas. Esas son las relaciones que realmente valen la pena.

¿Qué hacer cuando alguien te interesa?

Cómo Manejar los Sentimientos Hacia Alguien que te Gusta

Te levantas por la mañana, te preparas para la escuela, y ahí está ese chico que te hace sonreír con solo pensar en él. Cuando lo ves en el pasillo, el corazón se acelera, tus pensamientos se nublan y, de repente, no sabes bien cómo actuar. **Bienvenida al mundo de los crushes**, un lugar emocionante pero lleno de preguntas. ¿Cómo manejar lo que sientes? ¿Qué hacer si esos sentimientos no son correspondidos? Ahora, vamos a explorar cómo manejar los sentimientos hacia alguien que te gusta, para que puedas disfrutar de esta etapa sin perder de vista quién eres ni lo que realmente te importa.

Entender tus sentimientos

Primero que todo, es importante reconocer que sentirte atraída por alguien es completamente normal y forma parte del crecimiento emocional. No hay nada malo en tener un crush o sentir mariposas en el estómago cada vez que esa persona está cerca. De hecho, enamorarse puede ser una experiencia muy bonita y emocionante. Pero también puede venir con incertidumbres, inseguridades e incluso ansiedad. Por eso, lo más importante es **entender tus propios sentimientos** y tomarlos con calma.

Pregúntate:

- ¿Qué es lo que realmente te atrae de esa persona?
- ¿Es su apariencia, su personalidad, cómo te trata o cómo te hace sentir?
- ¿Te sientes presionada a gustar de esa persona por lo que otros piensan o porque realmente te nace?

Reflexionar sobre estas preguntas te ayudará a identificar si lo que sientes es solo una atracción superficial o algo más profundo. A veces, al conocer mejor a alguien, puedes descubrir que te gusta más allá de lo que pensabas, o que, por el contrario, no era lo que imaginabas.

No tengas prisa

Cuando alguien te gusta mucho, es fácil dejar que los sentimientos te arrastren y empezar a pensar en todas las posibilidades: "¿Le gustaré también?" o "¿Qué pasaría si salimos juntos?". Sin embargo, es fundamental que no te apresures en sacar conclusiones o crear expectativas demasiado altas desde el principio. Dale tiempo a la relación para desarrollarse de manera natural. No tienes que correr hacia una respuesta o una definición de lo que sientes. A veces, solo conocerse más, compartir momentos juntos o simplemente disfrutar de la compañía del otro puede ayudarte a entender mejor lo que sientes y lo que esa persona siente por ti.

Recuerda, el amor y las relaciones no se deben apresurar. Lo mejor es que dejes que las cosas fluyan y no te obsesiones con lo que podría pasar o no. Cuando te das tiempo, tienes la oportunidad de conocerte a ti misma en el proceso y descubrir qué es lo que realmente te importa.

Ser auténtica en lugar de cambiar para agradar

Cuando alguien te gusta mucho, puede ser tentador cambiar ciertos aspectos de ti misma para impresionar o agradar. Tal vez te encuentras actuando diferente cuando estás cerca de esa persona, o sientes la necesidad de seguir los mismos intereses que ellos solo para encajar mejor. Sin embargo, la clave para construir cualquier relación saludable es la autenticidad. No tienes que modificar quién eres para gustarle a alguien. Al contrario, como ya lo hemos mencionado, si eres auténtica, las personas adecuadas se sentirán atraídas por ti de manera genuina.

Si cambias demasiado para adaptarte a lo que crees que esa persona quiere, eventualmente terminarás sintiéndote agotada y frustrada. Además, ¿de qué serviría que le gustes a alguien si lo que está viendo no es realmente quién eres? Ser tú misma es lo que te hace única y valiosa. Si te aceptas tal como eres, los demás también aprenderán a hacerlo.

Cómo manejar la ansiedad de no saber si le gustas

Una de las partes más difíciles cuando te gusta alguien es la **incertidumbre**: no saber si la otra persona siente lo mismo por ti. Esto puede generar mucha ansiedad y hacer que te sientas nerviosa cada vez que están juntos. Puede que te encuentres analizando cada mirada, cada mensaje de texto o cada palabra, tratando de descifrar si hay alguna señal de que le gustas.

Lo más importante en estos casos es no dejar que la ansiedad controle la situación. Si bien es natural querer saber si le gustas o no, obsesionarte con cada pequeño detalle solo hará que te sientas más estresada. En lugar de enfocarte en lo que podría estar pensando o sintiendo, trata de disfrutar el presente. Concéntrate en construir una amistad sólida y en conocer mejor a esa persona sin presiones. Si el interés es mutuo, las cosas eventualmente se aclararán solas.

¿Qué hacer si no te corresponde?

Una de las realidades de gustar de alguien es que no siempre esos sentimientos serán correspondidos. Esto puede ser doloroso y decepcionante, pero es importante recordar que no es el fin del mundo. Que no te correspondan no significa que haya algo mal contigo. A veces, simplemente no se da la conexión emocional que esperabas, y eso es completamente normal.

Si descubres que no le gustas a la persona que te interesa, es natural sentirte triste o desilusionada, pero no te quedes atrapada en esos sentimientos. Date tiempo para procesar lo que sientes y luego enfócate en seguir adelante. Tu valor no depende de que alguien te guste o no, y aunque ahora te parezca difícil de creer, con el tiempo, esas emociones se suavizan y desaparecen. Mientras tanto, rodéate de tus amigos, haz cosas que disfrutes y sigue cultivando tus propias pasiones e intereses.

Cuando los sentimientos son correspondidos

Por otro lado, si descubres que a esa persona también le gustas, ¡qué emocionante! Pero incluso cuando los sentimientos son mutuos, es importante seguir con calma y no dejar que la relación se convierta en lo único que ocupe tu mente. Mantener el equilibrio en tu vida es clave para que tanto tú como la otra persona se sientan cómodos.

En lugar de lanzarte de lleno a una relación romántica, tómate el tiempo para seguir conociendo a esa persona. La base de cualquier relación sana es la amistad, y cuanto más sólida sea su amistad, más fuerte será la conexión que puedan desarrollar. Además, recuerda que las relaciones deben ser **equilibradas y respetuosas**. Ambos deben apoyarse mutuamente, sin perder sus propios intereses ni amistades.

Escucha tus emociones y establece límites

Es fundamental que, a medida que te acercas a alguien que te gusta, escuches tus emociones. Si en algún momento te sientes incómoda, insegura o presionada, no tengas miedo de hablarlo o de establecer límites. Nadie debería hacerte sentir obligada a hacer algo que no quieres solo porque tienes un crush. El respeto mutuo es esencial, tanto para ti como para la otra persona.

Mantén siempre tu independencia

Cuando alguien te gusta, es fácil dejar que esa persona ocupe la mayor parte de tus pensamientos, pero es importante que mantengas tu independencia. Tus sueños, tus metas, tus amigos y tus intereses siguen siendo igual de importantes, sin importar cuán emocionada te sientas por alguien. Tener una vida equilibrada, donde disfrutas de tus propios hobbies y amistades, hará que cualquier relación sea más saludable y feliz.

No pongas toda tu felicidad en manos de otra persona. Aunque tener un crush puede ser emocionante, tu felicidad depende de ti misma, no de si alguien te corresponde o no. Sigues siendo increíble y valiosa, sin importar lo que suceda.

Diferenciar entre el Cariño Sano y la Obsesión

Es normal que cuando alguien te gusta mucho, esa persona ocupe una gran parte de tus pensamientos. Sentir mariposas en el estómago, emocionarte cuando te manda un mensaje o pasarte el recreo pensando en cómo fue esa conversación es algo que todas hemos experimentado. Pero, ¿cómo saber si lo que sientes es un **cariño sano** o si está comenzando a convertirse en una **obsesión**? Aunque a veces pueden parecer lo mismo, existe una gran diferencia entre disfrutar de un crush y dejar que esos sentimientos tomen el control de tu vida.

¿Qué es el cariño sano?

El **cariño sano** es cuando te gusta alguien de manera equilibrada. Esto significa que te sientes emocionada de ver o hablar con esa persona, pero no dejas que esos sentimientos interfieran con tu bienestar personal, tus estudios, tus amistades o tu vida diaria. En un cariño sano, te atrae la persona por lo que es, pero no te defines únicamente a través de esa atracción. **Eres capaz de disfrutar de lo que sientes**, pero también puedes seguir con tus actividades y responsabilidades sin estar constantemente pensando en esa persona.

El cariño sano también implica que mantienes una actitud **realista** hacia la persona que te gusta. No idealizas sus defectos ni lo pones en un pedestal, reconociendo que, al igual que tú, es una persona con cualidades buenas y malas. Además, en un cariño sano, entiendes que, aunque te guste mucho, tu felicidad no depende exclusivamente de lo que suceda con esa relación.

¿Qué es la obsesión?

La **obsesión**, por otro lado, sucede cuando tus pensamientos y emociones hacia alguien se vuelven **desproporcionados** y comienzan a afectar tu vida de manera negativa. En lugar de disfrutar de la emoción de un crush de manera saludable, la obsesión hace que sientas una necesidad constante de saber sobre esa persona, de estar cerca de ella, y de preocuparte exageradamente por lo que hace, dice o siente.

Cuando estás obsesionada con alguien, puedes sentir que tu felicidad y autoestima dependen completamente de cómo esa persona te trate o te responda. Si no te manda un mensaje o no te presta atención, es posible que sientas que todo tu día se arruina o que te culpes a ti misma. La obsesión también puede hacer que empieces a descuidar otras áreas de tu vida, como tus amigos, tus estudios o tus propios intereses, ya que todo tu enfoque se centra en esa persona.

¿Cómo saber si estás pasando de un cariño sano a una obsesión?

Es importante estar atenta a ciertos comportamientos que pueden indicar que tus sentimientos están pasando de ser un cariño sano a una obsesión.

Aquí te dejo algunas señales de alerta para que puedas reconocer si necesitas tomar un paso atrás:

- **Tu estado de ánimo depende completamente de esa persona**. Si tu día solo es bueno cuando esa persona te presta atención, y te sientes mal o ansiosa si no lo hace, es posible que estés dejando que esa relación controle tu felicidad.

- **No puedes dejar de pensar en él o ella**. Es normal pensar en la persona que te gusta de vez en cuando, pero si no puedes concentrarte en nada más porque tus pensamientos están siempre ocupados por esa persona, puede que se esté convirtiendo en una obsesión.
- **Te preocupa constantemente lo que piensa de ti**. Si estás siempre preocupada por cómo luces, qué dices o cómo actúas cuando esa persona está cerca, hasta el punto de cambiar tu comportamiento o evitar ser tú misma, es una señal de que tus emociones están demasiado intensificadas.
- **Comienzas a aislarte de otras personas o actividades**. Cuando estás obsesionada con alguien, puedes dejar de pasar tiempo con tus amigos, dejar de lado tus hobbies o no poner atención en tus estudios, porque toda tu energía está dirigida hacia esa persona.
- **Idealizas a la persona**. En la obsesión, es común que empieces a ver a la persona que te gusta como perfecta, ignorando sus defectos o excusando comportamientos que normalmente no aceptarías. Esto puede llevarte a crear una imagen irreal de quién es.

Cómo mantener el equilibrio entre el cariño sano y la obsesión

Si reconoces alguna de estas señales en ti, es importante que tomes medidas para mantener el equilibrio y asegurarte de que tus sentimientos no se conviertan en una obsesión. Para mantener tus emociones bajo control y vivir el cariño de manera saludable, puedes optar por implementar estas estrategias.

Primero, enfócate en tu vida. Es fácil dejarse llevar por la emoción de un crush, pero recuerda que tu vida es mucho más que la persona que te gusta. Sigue dedicándote a tus estudios, a tus hobbies, a tus amigos y a tu familia. Mantén un equilibrio entre tu vida personal y tus sentimientos. Cuando logras mantenerte ocupada con otras actividades, es más fácil evitar que tus emociones se descontrolen.

También es útil poner límites en tu mente. Si te descubres pensando constantemente en esa persona, establece límites claros. Por ejemplo, decide que no vas a revisar sus redes sociales más de una vez al día, o que vas a dedicar tiempo a otras actividades que te distraigan. Cuidar tu salud mental significa poner freno a los pensamientos obsesivos cuando los reconozcas.

Otro consejo es ser realista con respecto a tus expectativas. Nadie es perfecto, y esa persona que te gusta tampoco lo es. Trata de verla por lo que realmente es, una persona con defectos y virtudes, y no como alguien perfecto o la solución a todos tus problemas emocionales. Mantén una perspectiva balanceada sobre la relación, entendiendo que tu felicidad no depende solo de lo que suceda con ese crush.

Cómo manejar los sentimientos intensos

Si sientes que tus emociones hacia alguien son muy intensas y difíciles de controlar, es importante que **tomes un momento para reflexionar**. Habla con alguien de confianza, como un amigo cercano o un familiar, sobre lo que sientes. A veces, expresar tus pensamientos en voz alta puede ayudarte a ver las cosas con más claridad y evitar que te pierdas en esos sentimientos.

También puedes **escribir tus emociones** en un diario. A veces, poner por escrito lo que sientes puede ayudarte a liberar la ansiedad que puede estar acumulándose. Escribir también te permitirá ver con más claridad si tus emociones están tomando un giro hacia la obsesión.

Además, no olvides que está bien **tomar un descanso de esa persona** si sientes que necesitas espacio para manejar tus emociones. Si te das cuenta de que estar siempre pendiente de lo que hace te está afectando, aléjate un poco. Esto no significa que no te importe, pero sí que te valoras lo suficiente como para cuidar de ti misma primero.

El poder del autocuidado

Al final, la diferencia clave entre el cariño sano y la obsesión es el **autocuidado**. En un cariño sano, puedes disfrutar de tus sentimientos sin dejar de lado tu bienestar. La persona que te gusta es una parte de tu vida, pero no lo es todo. En cambio, la obsesión tiende a consumir todos tus pensamientos y energía, lo que puede hacer que descuides otras áreas importantes de tu vida.

Es esencial que, cuando te guste alguien, sigas cuidando de ti misma. Esto incluye poner límites, mantener tus amistades y hobbies, y recordarte constantemente que eres valiosa por ti misma, sin importar si esa persona siente lo mismo por ti o no. El amor propio y el equilibrio emocional te permitirán disfrutar de tus sentimientos sin perderte en ellos.

El Respeto Mutuo en las Relaciones Románticas

Cuando empieza a gustarte alguien, es natural emocionarte y querer que esa relación crezca. Las mariposas en el estómago, la emoción de los mensajes, las miradas cómplices… todo eso hace que el romance sea una experiencia increíble. Sin embargo, para que una relación romántica sea saludable y te haga sentir plena, hay un componente que nunca debe faltar: **el respeto mutuo**.

El respeto es la base fundamental de cualquier relación, ya sea una amistad, una relación familiar o una relación amorosa. En el caso de las relaciones románticas, el respeto mutuo significa que ambas personas se valoran por quienes son, se cuidan emocionalmente y se tratan con amabilidad. Una relación en la que el respeto está presente no solo te hace sentir más segura, sino que también fortalece el vínculo y ayuda a que la relación crezca de manera sana.

¿Qué es el respeto mutuo?

El respeto mutuo en una relación romántica significa que ambos se valoran como personas independientes y que reconocen que, aunque están juntos, cada uno tiene sus propias necesidades, pensamientos y sentimientos. Respetarse mutuamente implica:

- **Aceptar las diferencias**: No siempre estarán de acuerdo en todo, y eso está bien. En lugar de intentar cambiar a la otra persona, el respeto significa aceptar sus puntos de vista y su forma de ser, aunque a veces no coincidan con los tuyos.
- **Valorar los límites**: El respeto también se muestra cuando ambos reconocen y valoran los límites del otro. Esto puede ser en lo físico, lo emocional o lo personal. Por ejemplo, si uno de los dos no se siente cómodo con algo, la otra persona debe respetarlo sin presionar.
- **Escuchar y comunicarse abiertamente**: En una relación respetuosa, ambas personas se escuchan de verdad, sin interrumpir ni juzgar. La comunicación es clave, y cada uno debe sentirse libre de expresar sus pensamientos y sentimientos sin miedo a ser criticado o menospreciado.

El respeto mutuo no se trata solo de ser amable, sino de construir una relación en la que ambas personas se sientan valoradas y seguras.

La importancia de los límites

Un aspecto fundamental del respeto mutuo en las relaciones románticas es la capacidad de **establecer y respetar límites**. Los límites son esas líneas invisibles que definen lo que te hace sentir cómoda o incómoda, lo que estás dispuesta a compartir o hacer, y lo que necesitas para sentirte bien en una relación.

Establecer límites no es algo malo, ni significa que no te importe la otra persona. Al contrario, los límites son esenciales para que ambos puedan respetarse y cuidarse mutuamente. Puede ser fácil pensar que, al estar en una relación, debes complacer siempre a la otra persona, pero eso puede llevarte a comprometer cosas que son importantes para ti. Decir "no" a algo que no te hace sentir bien es una forma de **mostrar respeto hacia ti misma** y de establecer una relación más equilibrada y sana.

Si te encuentras en una situación donde alguien no respeta tus límites, es importante que hables claro y de manera honesta. Una relación en la que tus deseos y necesidades no son respetados no es una relación saludable.

El consentimiento en una relación respetuosa

Cuando hablamos de respeto mutuo, no podemos dejar de lado un tema fundamental: **el consentimiento**. El consentimiento significa que ambos están de acuerdo con lo que sucede en la relación, ya sea algo tan simple como un abrazo o algo más íntimo. Ninguna de las dos personas debe sentirse presionada a hacer algo que no quiere.

En una relación respetuosa, el consentimiento debe ser siempre claro y mutuo. Si en algún momento te sientes incómoda o no estás segura de algo, tienes todo el derecho de decir "no". Y lo mismo aplica para la otra persona. El respeto implica escuchar y aceptar esas decisiones sin presionar ni hacer sentir mal al otro.

El respeto hacia la independencia del otro

Cuando te gusta mucho alguien, es normal que quieras pasar tiempo con esa persona y compartir momentos juntos. Sin embargo, el respeto también implica valorar la independencia de la otra persona y la tuya propia. Una relación sana no significa que deban estar juntos todo el tiempo o que la vida de uno gire en torno al otro. Ambos deben tener el espacio necesario para seguir creciendo como individuos, manteniendo sus propias amistades, pasatiempos y tiempo personal.

El respeto mutuo en una relación implica reconocer que, aunque están juntos, siguen siendo personas independientes con intereses, metas y necesidades propias. No es saludable depender completamente de alguien para sentirte feliz o satisfecha. Mantener una identidad propia dentro de la relación fortalecerá el vínculo, ya que no solo estarán juntos porque se necesitan, sino porque realmente se valoran y se eligen mutuamente.

¿Cómo construir una relación basada en el respeto?

Construir una relación basada en el respeto mutuo requiere tiempo, paciencia y honestidad. Aquí te dejo algunas claves para fomentar el respeto dentro de tu relación romántica:

- **La comunicación es esencial**: Hablar abiertamente sobre tus sentimientos, preocupaciones y deseos es fundamental para que ambos puedan entenderse y respetarse mejor. La comunicación evita malentendidos y permite que ambos se sientan escuchados.

- **Sé fiel a tus valores**: No comprometas tus creencias, deseos o límites solo para complacer a la otra persona. Respetarte a ti misma es el primer paso para asegurarte de que los demás también lo hagan.
- **Evita las comparaciones**: En las redes sociales o en la vida real, es fácil compararte con otras parejas o relaciones. Sin embargo, cada relación es única. El respeto mutuo se basa en aceptar a la persona tal como es, sin compararla con lo que ves en otros.
- **El respeto no se exige, se gana**: Una relación basada en el respeto se construye poco a poco. No puedes forzar a alguien a respetarte, pero sí puedes mostrar respeto hacia el otro y hacia ti misma. Con el tiempo, esto fortalecerá la confianza y el cariño en la relación.

¿Qué hacer si sientes que falta respeto en la relación?

Si en algún momento sientes que no estás siendo respetada en tu relación romántica, es fundamental que tomes medidas. La falta de respeto puede manifestarse de muchas formas: críticas constantes, manipulación emocional, no respetar tus límites o ignorar tus sentimientos. Si esto ocurre, es importante que hables con la otra persona y **establezcas claramente tus límites**.

Si después de hablar, sientes que la falta de respeto continúa, es posible que esa relación no sea saludable para ti. Recuerda que mereces estar con alguien que te respete y valore en todo momento. No tienes que aceptar una relación que te haga sentir mal o que comprometa tu bienestar emocional.

Capítulo 2: Desarrollo Personal y Emocional

"Sé tú misma. Todos los demás ya están ocupados."
— Oscar Wilde

Fortaleciendo tu autoestima y confianza

Cómo Dejar de Compararte con los Demás

En la adolescencia, es fácil caer en la trampa de compararte con los demás. Con las redes sociales mostrándote constantemente vidas aparentemente perfectas y la presión de encajar en ciertos estándares, es normal que, en algún momento, te hayas preguntado por qué no eres como esa persona que parece tenerlo todo: mejor apariencia, más amigos, más likes, más confianza. Sin embargo, esta comparación constante no solo es injusta contigo misma, sino que también puede afectar gravemente tu autoestima y confianza.

Dejar de compararte con los demás no es algo que suceda de un día para otro, pero es un paso fundamental para fortalecer tu autoestima y aprender a valorarte por lo que eres, no por lo que otros tienen o parecen tener.

Entender por qué te comparas

Primero, es importante reconocer que **compararse con los demás es algo natural**. Es un instinto humano que tiene sus raíces en la necesidad de pertenecer y entender nuestro lugar en el mundo. Desde pequeñas, aprendemos a medirnos frente a otras personas para ver cómo encajamos. Pero lo que alguna vez pudo ser una herramienta útil para aprender, en la adolescencia puede volverse perjudicial si no sabemos cómo manejarlo.

Cuando te comparas con los demás, generalmente lo haces desde una perspectiva **desequilibrada**. Es decir, tiendes a comparar tus debilidades con las fortalezas que percibes en otros. Te fijas en lo que les va bien a los demás sin considerar sus propios desafíos o las partes de su vida que no muestran. Esto lleva a una sensación constante de que no eres suficiente, cuando en realidad estás evaluándote desde una perspectiva incompleta.

Entender esto es el primer paso para dejar de compararte. La mayoría de las veces, no tienes toda la información sobre la vida de los demás, y lo que ves en la superficie no siempre refleja la realidad completa.

Reconocer la realidad de las redes sociales

Uno de los mayores factores que intensifican la comparación hoy en día son las redes sociales. Instagram, TikTok y otras plataformas están llenas de imágenes perfectas y momentos brillantes. Pero lo que debes recordar es que lo que ves en las redes sociales es solo una versión editada de la realidad. Nadie publica sus momentos difíciles o sus inseguridades más profundas. En lugar de eso, ves una imagen cuidadosamente seleccionada de lo que quieren mostrar.

Las fotos que ves de otras chicas con piel perfecta o vidas fabulosas probablemente fueron seleccionadas entre muchas otras fotos que no eran tan perfectas. Quizás usaron filtros, posaron de una manera que les favorecía más o simplemente mostraron un momento especial de su vida. No compares tu vida completa con los mejores momentos de los demás. Las redes sociales son solo una pequeña parte de la vida de alguien, y nadie es tan perfecto como parece en línea.

Enfócate en tu propio camino

Una de las mejores maneras de dejar de compararte con los demás es cambiar tu enfoque. En lugar de mirar constantemente lo que los demás están haciendo o logrando, enfócate en ti misma. Todos estamos en caminos diferentes, con tiempos diferentes, y lo que funciona para una persona no necesariamente tiene que ser tu meta.

Pregúntate a ti misma:

- ¿Cuáles son mis talentos y pasiones?
- ¿Qué es lo que me hace sentir bien conmigo misma?
- ¿Qué cosas me hacen sentir orgullosa de lo que soy?

Cuando te enfocas en tu propio crecimiento, en tus metas y en lo que te hace única, es más fácil dejar de preocuparte por lo que hacen o tienen los demás. Al final del día, lo que importa es cómo te sientes contigo misma, no cómo te comparas con otros.

Aceptar que todos tienen defectos

Nadie, absolutamente nadie, es perfecto. Incluso las personas que parecen tener una vida maravillosa tienen sus propios desafíos, inseguridades y defectos. La perfección no existe, y perseguirla solo te llevará a sentirte insatisfecha. **Aceptar tus propias imperfecciones** es clave para fortalecer tu autoestima.

En lugar de tratar de ocultar tus debilidades o sentirte mal por ellas, abrázalas como parte de lo que te hace única. Tus defectos no te hacen menos valiosa, sino que te hacen humana. **Ser auténtica** es mucho más importante que intentar ser perfecta.

Además, al recordar que todos tienen sus propios defectos, es más fácil dejar de idealizar a los demás. La próxima vez que veas a alguien que parece tenerlo todo bajo control, recuerda que no conoces toda su historia. Tal vez esa persona esté luchando con cosas que tú no ves. Todos estamos lidiando con nuestras propias batallas, y eso nos une en lugar de separarnos.

Deja de buscar la aprobación externa

Cuando te comparas con los demás, muchas veces lo haces porque **estás buscando la aprobación externa**. Es natural querer ser validada por otras personas, pero si dependes completamente de esa validación para sentirte bien contigo misma, nunca te sentirás completamente satisfecha. Siempre habrá alguien con más likes, con más amigos o con algo que parece mejor.

La clave está en **aprender a validar tus propios logros** y sentirte orgullosa de lo que haces, sin necesitar que los demás te lo confirmen. No necesitas la aprobación de los demás para ser increíble. Tú eres suficiente tal como eres, y aprender a reconocer tu propio valor es un paso fundamental para fortalecer tu autoestima.

Compárate contigo misma, no con los demás

En lugar de compararte con los demás, **compárate contigo misma**. Fíjate en tu propio progreso. ¿Qué has aprendido? ¿En qué has mejorado? ¿Cuáles son tus logros personales, grandes o pequeños? Al centrarte en cómo has crecido y en cómo puedes seguir mejorando, te sentirás más motivada a ser la mejor versión de ti misma.

Cuando te comparas contigo misma, te das cuenta de que lo más importante no es cómo te ves en relación con los demás, sino cómo te sientes contigo misma. Cada paso que das en tu propio crecimiento es valioso y merece ser celebrado.

10 Consejos para Aumentar tu Autoestima

La autoestima es cómo te sientes contigo misma, cómo te valoras y te respetas. Tener una autoestima fuerte no significa pensar que eres perfecta o mejor que los demás, sino sentirte segura de quién eres, aceptando tanto tus fortalezas como tus debilidades. La adolescencia puede ser una etapa complicada en cuanto a la autoestima, ya que es común sentirse insegura por la apariencia, las opiniones de los demás o la presión de cumplir con ciertos estándares. Sin embargo, fortalecer tu autoestima es fundamental para sentirte bien contigo misma y enfrentar los desafíos con más confianza.

Aquí te dejo 10 consejos prácticos para aumentar tu autoestima y aprender a valorarte más cada día:

1. Conócete a ti misma

El primer paso para aumentar tu autoestima es **conocer quién eres realmente**. Dedica tiempo a reflexionar sobre tus gustos, intereses y lo que te hace feliz. Cuanto más te conozcas, más fácil será aceptarte tal como eres. Pregúntate: ¿Qué cosas disfruto hacer? ¿Cuáles son mis cualidades y fortalezas? ¿Qué me hace sentir bien conmigo misma? Conocerte es clave para reconocer tu valor.

2. Cambia tu diálogo interno

El modo en que te hablas a ti misma puede tener un gran impacto en tu autoestima. Si constantemente te criticas o te dices cosas negativas, tu autoestima se verá afectada. En lugar de enfocarte en lo que no te gusta de ti, **cambia tu diálogo interno** por uno más positivo y compasivo. Si cometes un error, en vez de decirte "Soy un fracaso", di "Todas cometemos errores, y estoy aprendiendo de ellos". Trata de ser tu mejor amiga, no tu peor crítica.

3. Rodéate de personas que te apoyen

Tu entorno influye en cómo te sientes contigo misma. Rodéate de personas que te valoren, te respeten y te apoyen en tus metas. Si alguien constantemente te hace sentir mal o disminuye tu confianza, tal vez no sea la mejor compañía. Los amigos y familiares que te brindan apoyo y amor incondicional pueden ayudarte a fortalecer tu autoestima, porque te hacen sentir vista y querida por quien eres realmente.

4. Practica la gratitud

Ser agradecida por lo que tienes en lugar de enfocarte en lo que te falta puede ayudarte a sentirte mejor contigo misma. Cada día, haz una lista de tres cosas por las que estás agradecida, incluyendo cualidades tuyas, logros o momentos positivos que has experimentado. La gratitud te permite reconocer lo bueno en ti misma y en tu vida, en lugar de compararte con los demás o enfocarte en lo negativo.

5. Acepta tus imperfecciones

Nadie es perfecto, y eso está bien. Aceptar tus imperfecciones es clave para desarrollar una autoestima saludable. En lugar de tratar de ser perfecta o evitar mostrar tus debilidades, **abraza tus defectos** como parte de lo que te hace única. Entiende que equivocarte o no ser la mejor en todo es parte de ser humana. **La perfección no es real**, pero tu autenticidad sí lo es.

6. Desarrolla tus talentos y habilidades

Una de las formas más efectivas de aumentar tu autoestima es trabajar en lo que te apasiona. Desarrollar tus talentos y habilidades te hará sentir más segura y confiada en lo que puedes lograr. Tal vez te guste pintar, tocar un instrumento, bailar o hacer deportes. Encuentra algo que disfrutes y trabaja en mejorar. Cuanto más te dediques a lo que amas, más valor verás en ti misma.

7. Establece metas pequeñas y alcánzalas

Tener metas te da un sentido de propósito y logro, pero no siempre tienen que ser metas enormes. Establece metas pequeñas y alcanzables que te ayuden a sentirte productiva y exitosa. Cada vez que logres una meta, por pequeña que sea, tu autoestima se fortalecerá. Tal vez sea terminar un libro, mejorar tus notas en una materia o aprender algo nuevo. Cada logro cuenta.

8. Cuida de ti misma, física y emocionalmente

El autocuidado no solo tiene que ver con el aspecto físico, sino también con cómo te tratas emocionalmente. Cuidar de tu salud física a través del ejercicio, la buena alimentación y el descanso adecuado es fundamental, pero también lo es cuidar tu salud mental. Tómate tiempo para relajarte, para hacer cosas que disfrutes y para estar en paz contigo misma. Recuerda que el autocuidado es una forma de mostrarte que te valoras y que mereces atención.

9. Evita las comparaciones

Como vimos en el capítulo anterior, compararte con los demás solo daña tu autoestima. Cada persona tiene su propio camino y sus propias circunstancias, por lo que compararte no tiene sentido. En lugar de fijarte en lo que otros tienen o logran, **enfócate en tu propio crecimiento** y en lo que a ti te hace feliz. Tu valor no depende de cómo te compares con los demás, sino de lo que eres por dentro.

10. Sé paciente contigo misma

Aumentar tu autoestima es un proceso, y como todo proceso, lleva tiempo. Sé paciente y compasiva contigo misma en el camino. Habrá días en los que te sientas más segura, y otros en los que te sientas insegura, y eso está bien. Lo importante es que sigas trabajando en ti misma, reconociendo tu valor y aprendiendo a amarte tal como eres. El progreso no es lineal, pero cada pequeño paso hacia el amor propio es significativo.

Cómo Hablarte a Ti Misma con Cariño y Respeto

La forma en que te hablas a ti misma tiene un impacto enorme en cómo te sientes y en cómo enfrentas los desafíos de la vida. Si constantemente te criticas o te tratas con dureza, es muy probable que tu autoestima y confianza se vean afectadas. Por otro lado, si aprendes a **hablarte con cariño y respeto**, podrás construir una autoestima más fuerte y enfrentar las situaciones con más seguridad.

El poder del diálogo interno

¿Alguna vez has notado cómo hablas contigo misma cuando las cosas no salen como esperabas? Tal vez te dices cosas como "Soy tan tonta" o "Nunca hago nada bien". Este tipo de pensamiento negativo puede pasar desapercibido, pero tiene un gran impacto en tu autoestima. Tu diálogo interno es la voz que escuchas más que cualquier otra, y si esa voz es crítica y dura, inevitablemente empezará a afectar la manera en que te ves a ti misma.

Hablarte con cariño y respeto no significa ignorar tus errores o fingir que todo es perfecto, sino aprender a tratarte con la misma compasión que mostrarías a una amiga cercana. Si tu mejor amiga se sintiera mal por cometer un error, ¿le dirías que es una fracasada? ¡Claro que no! Le ofrecerías palabras de apoyo, recordándole que cometer errores es parte de la vida. Esa misma amabilidad es la que mereces darte a ti misma.

Cómo transformar el diálogo interno negativo

El primer paso para hablarte con más cariño es **identificar el diálogo interno negativo** que puede estar presente en tu mente. A menudo, estas críticas automáticas aparecen en momentos de estrés, frustración o inseguridad. Tal vez te dices cosas como "No soy lo suficientemente buena", "No le caigo bien a nadie" o "Nunca voy a lograrlo". Estos pensamientos pueden parecer inofensivos, pero con el tiempo erosionan tu confianza y te hacen sentir incapaz.

Pero, ¿cómo cambiar tu diálogo interno?:

- **Identifica el pensamiento negativo**: Lo primero es darte cuenta cuando te estás criticando. ¿Qué palabras te dices a ti misma cuando cometes un error o cuando las cosas no salen como esperabas? Es importante que reconozcas esas frases automáticas para poder cambiarlas.

- **Cambia el enfoque**: Una vez que hayas identificado un pensamiento negativo, reemplázalo por uno más positivo y realista. Si, por ejemplo, te dices "Nunca hago nada bien", cambia eso por "Estoy aprendiendo, y cometer errores es parte del proceso". El objetivo es ser realista, pero amable contigo misma.
- **Haz preguntas para desafiar los pensamientos negativos**: Cuando te encuentres pensando de manera negativa, pregúntate: "¿Esto es realmente cierto?", "¿Estoy siendo justa conmigo misma?", "¿Le diría esto a una amiga?". Hacerte estas preguntas te ayudará a darte cuenta de que muchos de tus pensamientos negativos no tienen fundamento y solo te están saboteando.

Sé tu mejor amiga

Piensa por un momento en cómo tratas a tus amigas cuando están pasando por un mal día o enfrentan algún desafío. Les das apoyo, palabras de aliento y les recuerdas que son capaces de superar cualquier obstáculo. Así es como deberías tratarte a ti misma también.

Hablarte con cariño significa recordarte constantemente que mereces respeto, paciencia y comprensión. Aquí te doy algunas ideas para tratarte como lo harías con una amiga cercana:

- **Celebra tus logros, grandes o pequeños**: No esperes a que los demás reconozcan tus logros. Cuando logres algo, desde aprobar un examen hasta terminar una tarea difícil, date un momento para reconocer tu esfuerzo y sentirte orgullosa. Puedes decirte cosas como "Estoy orgullosa de mí misma por haberlo logrado" o "He trabajado duro para conseguir esto, y lo merezco".
- **Perdónate por los errores**: Todos cometemos errores, y eso no significa que seas una mala persona o que no seas

capaz. Si algo no sale como esperabas, en lugar de castigarte con pensamientos como "Nunca hago nada bien", recuérdate que los errores son oportunidades para aprender. Trata de decirte: "Está bien cometer errores, aprenderé y mejoraré la próxima vez".

- **No te compares con los demás**: Compararte con los demás es una de las maneras más rápidas de sentirte insegura. En lugar de enfocarte en lo que los demás están haciendo, celebra tu propio camino. Cada persona tiene su propio ritmo, y lo que importa es que estés creciendo a tu manera. **Recuerda, compárate contigo misma, no con los demás**. Pregúntate cómo has mejorado y en qué cosas te sientes orgullosa de ti misma.

Usa afirmaciones positivas

Las afirmaciones positivas son una herramienta poderosa para hablarte con más cariño. Las afirmaciones son frases cortas y positivas que puedes repetir para recordarte tu valor y fortalecer tu autoestima. Al principio, puede que no creas del todo en lo que te estás diciendo, pero con el tiempo, estas afirmaciones comienzan a cambiar la forma en que te ves a ti misma.

Aquí te dejo algunas afirmaciones que puedes usar:

- "Soy suficiente tal como soy."
- "Merezco amor, respeto y felicidad."
- "Confío en mi capacidad para superar cualquier desafío."
- "Acepto mis defectos y los abrazo como parte de mi."
- "Cada día estoy creciendo y mejorando."

Puedes repetir estas afirmaciones al despertar, antes de dormir o cuando te sientas insegura. Con el tiempo, comenzarás a notar que tu diálogo interno se vuelve más positivo y respetuoso.

Date permiso para sentir

Hablarte con cariño también implica **aceptar tus emociones**, sin juzgarlas ni castigarte por sentirte mal a veces. Si tienes un mal día, en lugar de criticarte por estar triste o frustrada, permítete sentir esas emociones. Es completamente normal tener días malos, y no deberías sentirte mal por no estar siempre feliz o "perfecta".

Permítete decirte cosas como "Está bien sentirme triste hoy" o "No siempre tengo que estar bien". **Aceptar tus emociones** con amabilidad te ayudará a procesarlas mejor y, al mismo tiempo, te permitirá respetar tus propios sentimientos.

Por otro lado, hablarte con cariño y respeto es algo que requiere práctica diaria, pero cada vez que lo haces, estás fortaleciendo tu autoestima. Cuanto más practiques el autocuidado emocional, más fácil será tratarte con amabilidad, incluso en los momentos difíciles. No siempre será fácil, y habrá días en los que la autocrítica vuelva, pero lo importante es que sigas trabajando en construir una relación más positiva contigo misma.

La Inteligencia Emocional

Identificar y Entender tus Emociones

Las emociones forman parte de tu vida diaria: a veces te sientes feliz y tranquila, mientras que otras veces estás frustrada, triste o incluso enojada sin saber por qué. Identificar y entender tus emociones es el primer paso para manejarlas de manera efectiva y evitar que te controlen. Esta habilidad es parte de lo que se llama **inteligencia emocional**, y es esencial para que puedas lidiar con los desafíos de la vida con más sabiduría, calma y confianza.

Las emociones pueden ser confusas, sobre todo cuando aparecen de manera intensa o inesperada. Sin embargo, aprender a reconocerlas y comprender de dónde vienen te permitirá tener más control sobre cómo reaccionas ante ellas. En este capítulo, te mostraré cómo identificar y entender tus emociones para que puedas manejar mejor tus respuestas y vivir con más equilibrio emocional.

¿Qué son las emociones?

Las emociones son **reacciones automáticas** que tu cuerpo y mente experimentan en respuesta a lo que sucede a tu alrededor o dentro de ti. Pueden ser desencadenadas por muchas cosas: una situación estresante, una conversación incómoda, un buen momento con amigos o simplemente un pensamiento. Las emociones no son "buenas" ni "malas"; son simplemente respuestas naturales que te ayudan a comprender cómo te sientes en relación con el mundo.

Algunas emociones son agradables, como la alegría, la calma o el orgullo, mientras que otras, como el miedo, la tristeza o la ira, pueden resultar incómodas. A pesar de que algunas emociones pueden sentirse incómodas, **todas las emociones tienen un propósito**. Por ejemplo, la tristeza te ayuda a procesar la pérdida o el dolor, mientras que la ira puede indicarte que algo es injusto o que necesitas defender tus límites.

El problema surge cuando no entendemos nuestras emociones o intentamos ignorarlas. Si no identificas lo que sientes, esas emociones pueden crecer y salir de control. Por eso, es esencial que aprendas a **escuchar tus emociones** para entender lo que están tratando de decirte.

Identificar tus emociones: el primer paso para controlarlas

El primer paso para manejar tus emociones de manera efectiva es **aprender a identificarlas**. A veces, puedes sentir que algo está mal pero no sabes exactamente qué emoción es la que estás experimentando. ¿Estás molesta? ¿Decepcionada? ¿Frustrada? Cuanto mejor puedas identificar lo que estás sintiendo, más fácil será encontrar la manera de lidiar con esas emociones.

Estos son algunos pasos que te ayudarán a **identificar tus emociones**:

- **Tómate un momento para pausar y respirar**: Si te sientes abrumada por una emoción, lo primero que debes hacer es pausar y respirar. La respiración te ayudará a calmar tu mente lo suficiente como para reflexionar sobre lo que estás sintiendo. En lugar de reaccionar de inmediato, date unos segundos para procesar la emoción.
- **Ponle un nombre a lo que sientes**: Pregúntate a ti misma: "¿Qué estoy sintiendo ahora?". A veces puedes sentir varias emociones a la vez, pero intenta identificar la más fuerte. ¿Es tristeza, enfado, vergüenza o miedo? Ponerle un nombre a tu emoción es una forma poderosa de comenzar a controlarla, ya que cuando le das un nombre, te estás distanciando de ella y te das cuenta de que no te define.
- **Observa cómo tu cuerpo responde**: Las emociones a menudo se manifiestan físicamente en tu cuerpo. Cuando estás nerviosa, tu corazón late más rápido; cuando estás triste, puedes sentir una opresión en el pecho o una sensación de cansancio. Prestar atención a las señales físicas puede ayudarte a identificar mejor lo que estás sintiendo.

- **Pregunta por qué**: Una vez que identifiques la emoción, pregúntate: "¿Por qué me siento así?". Tal vez te sientas molesta porque una amiga canceló un plan que esperabas. O quizás estés ansiosa por una prueba importante. Entender qué desencadena tus emociones es clave para manejarlas. Al reconocer la causa, puedes abordar el problema de manera más efectiva.

Diferentes tipos de emociones y cómo entenderlas

No todas las emociones son fáciles de reconocer. A veces, puedes confundir una emoción con otra. Por ejemplo, puedes pensar que estás enojada cuando, en realidad, estás herida o decepcionada. Entender los **diferentes tipos de emociones** puede ayudarte a interpretar mejor lo que estás sintiendo.

- **Emociones básicas**: Estas son las emociones más simples y comunes, como la alegría, la tristeza, el miedo, la sorpresa y el enojo. Son respuestas automáticas que surgen rápidamente ante situaciones específicas.
- **Emociones mixtas**: A menudo, puedes sentir más de una emoción al mismo tiempo. Por ejemplo, podrías sentirte emocionada pero también nerviosa antes de una presentación. Reconocer estas emociones mixtas te permitirá comprender mejor por qué te sientes de cierta manera.
- **Emociones complejas**: A medida que crecemos, también desarrollamos emociones más complejas como la culpa, la vergüenza, la frustración o el orgullo. Estas emociones suelen estar relacionadas con cómo te perciben los demás o cómo te percibes a ti misma.

Por ejemplo, si te sientes nerviosa antes de un examen, el nerviosismo (una emoción más básica) puede estar relacionado con la preocupación de no cumplir con tus propias expectativas (una emoción más compleja). Entender esta conexión puede ayudarte a lidiar mejor con el nerviosismo, sabiendo que está relacionado con una preocupación más profunda.

No hay emociones “buenas” o “malas”

Una de las cosas más importantes que debes saber sobre las emociones es que no existen emociones "buenas" o "malas". A veces, es fácil pensar que la alegría o el amor son buenas emociones y que la tristeza o la ira son malas, pero esto no es cierto. Todas las emociones tienen un propósito y un valor. El miedo, por ejemplo, te protege de situaciones peligrosas, mientras que la tristeza te ayuda a procesar y superar una pérdida o decepción.

Es importante **aceptar todas tus emociones**, incluso las que se sienten incómodas. Si intentas reprimir o ignorar las emociones desagradables, es probable que vuelvan con más fuerza. En lugar de eso, aprende a aceptarlas como parte de la experiencia humana. Está bien sentir tristeza, enojo o frustración de vez en cuando. Lo importante es cómo decides lidiar con ellas.

Estrategias para entender mejor tus emociones

Entender tus emociones es un proceso que requiere tiempo y práctica. Aquí tienes algunas estrategias que te ayudarán a **conectarte más profundamente** con lo que sientes:

- **Lleva un diario emocional**: Escribir sobre tus emociones es una excelente manera de procesarlas y entenderlas mejor. Cada vez que te sientas abrumada o confundida por una emoción, tómate unos minutos para escribir sobre cómo te sientes y por qué crees que te sientes así. Al plasmar tus pensamientos en papel, puedes comenzar a notar patrones y desencadenantes en tus emociones.

- **Habla de tus emociones**: Compartir tus emociones con alguien de confianza, como una amiga o un familiar, puede ayudarte a ver las cosas desde una nueva perspectiva. A veces, hablar de lo que sientes es suficiente para aligerar la carga emocional.
- **Sé paciente contigo misma**: Entender tus emociones no siempre será fácil, y está bien. Algunas emociones son más difíciles de identificar o aceptar que otras, pero lo importante es **ser paciente contigo misma**. Date el tiempo necesario para procesar lo que sientes sin presionarte a entenderlo todo de inmediato.

¿Cómo Mantener la Calma en Situaciones Estresantes?

El estrés es una parte inevitable de la vida, especialmente durante la adolescencia, cuando enfrentas muchos cambios, responsabilidades y desafíos. Exámenes, problemas con amigos, expectativas familiares y decisiones sobre el futuro pueden hacer que te sientas abrumada y fuera de control. Sin embargo, la **inteligencia emocional** te ofrece herramientas valiosas para manejar estos momentos con más tranquilidad. Aprender a **mantener la calma** en situaciones estresantes no solo te ayudará a lidiar mejor con los desafíos, sino que también te dará más confianza para enfrentar cualquier obstáculo que se cruce en tu camino.

La clave para mantener la calma en medio del estrés es desarrollar habilidades que te permitan manejar tus emociones y reacciones de manera más consciente. En este capítulo, te mostraré estrategias y técnicas prácticas para mantener la calma en situaciones estresantes, ayudándote a responder con sabiduría en lugar de reaccionar de manera impulsiva.

Reconocer el estrés antes de que te abrume

El primer paso para mantener la calma en situaciones estresantes es **reconocer cuándo estás estresada**. A veces, el estrés puede acumularse sin que te des cuenta, hasta que de repente sientes que todo se vuelve abrumador. Es importante aprender a detectar las señales tempranas de estrés para poder manejarlo antes de que se intensifique.

Algunas señales comunes de estrés incluyen:

- Sentir tensión en los hombros, cuello o mandíbula.
- Respirar más rápido o sentir que el corazón late más fuerte.
- Tener dificultades para concentrarte o tomar decisiones.
- Sentirte irritada o molesta sin razón aparente.
- Sentir que todo está fuera de control o que no puedes manejar la situación.

Una vez que reconoces estas señales, es más fácil actuar antes de que el estrés se apodere de ti. No necesitas esperar hasta que estés al borde de un ataque de nervios para hacer algo al respecto.

Respiración profunda: una herramienta poderosa

Una de las maneras más efectivas de mantener la calma en situaciones estresantes es practicar la **respiración profunda**. Cuando estás estresada, es común que tu respiración se vuelva superficial y rápida, lo que puede aumentar la sensación de ansiedad. Al concentrarte en tu respiración, puedes enviar una señal a tu cuerpo de que todo está bien, ayudándote a relajarte de inmediato.

Aquí te explico cómo hacerlo:

1. **Inhala profundamente por la nariz durante 4 segundos**. Llena tus pulmones de aire de manera lenta y controlada.
2. **Sostén la respiración durante 4 segundos**. Esto te ayuda a calmar la mente y a enfocarte solo en la respiración.
3. **Exhala lentamente por la boca durante 4 segundos**. Siente cómo tu cuerpo se relaja mientras liberas el aire.
4. **Repite este ciclo 4 veces**. A medida que practicas esta técnica, sentirás cómo tu mente y cuerpo se relajan.

La respiración profunda es una técnica simple, pero increíblemente poderosa, que puedes usar en cualquier momento: antes de un examen, cuando sientas que te estás molestando en una discusión o cuando estés abrumada por tus responsabilidades. Tomarte solo unos minutos para respirar puede cambiar por completo tu estado de ánimo. Veremos otras técnicas de relajación más adelante.

Mantén la perspectiva

Cuando estás estresada, es fácil sentir que el problema que enfrentas es gigantesco o que no tiene solución. En esos momentos, es esencial que mantengas la perspectiva. Pregúntate a ti misma:

- ¿Esto seguirá siendo importante dentro de una semana, un mes o un año?
- ¿Estoy exagerando el impacto de esta situación en mi vida?
- ¿Qué es lo peor que podría pasar realmente?

Estas preguntas pueden ayudarte a poner el problema en perspectiva y reducir la sensación de urgencia o catástrofe que el estrés puede crear. La mayoría de las veces, lo que parece enorme en el momento se verá mucho más pequeño cuando te permitas dar un paso atrás y analizarlo desde una perspectiva más tranquila.

Enfócate en lo que puedes controlar

Uno de los mayores desencadenantes del estrés es sentir que no tienes el control sobre lo que está sucediendo. A veces, puedes sentir que la situación es demasiado grande o que depende de factores externos que no puedes cambiar. En lugar de enfocarte en lo que no puedes controlar, concéntrate en lo que sí está en tus manos.

Pregúntate: "¿Qué puedo hacer ahora mismo para mejorar la situación?". Tal vez no puedas cambiar el comportamiento de los demás o el hecho de que tienes un examen importante mañana, pero sí puedes organizar tu tiempo, preparar tus materiales, pedir ayuda si la necesitas o simplemente tomarte un descanso para despejar tu mente.

Al centrarte en las acciones que sí están bajo tu control, sentirás que tienes más poder para manejar la situación, lo que reducirá la sensación de estrés.

Desarrolla una mentalidad de soluciones

Cuando enfrentas una situación estresante, es fácil caer en el **pensamiento catastrófico**, donde sientes que todo está mal y que no hay salida. Sin embargo, en lugar de enfocarte en el problema, intenta enfocarte en las soluciones. Esto no significa ignorar el estrés o fingir que no existe, sino cambiar tu enfoque hacia lo que puedes hacer para mejorar la situación.

Por ejemplo, si te sientes abrumada por la cantidad de tareas que tienes que hacer, en lugar de quedarte pensando en lo difícil que será, **haz una lista** de las tareas y organízalas por prioridad.

Dividir un gran problema en pequeños pasos manejables te ayudará a ver que la situación no es tan abrumadora como parece.

Cuando desarrollas una **mentalidad de soluciones**, te entrenas para ver los desafíos como oportunidades para aprender y crecer, en lugar de como obstáculos insuperables. Esto no solo te ayuda a manejar mejor el estrés, sino que también aumenta tu confianza en tu capacidad para resolver problemas.

Toma un descanso cuando lo necesites

A veces, cuando estás en medio de una situación estresante, lo mejor que puedes hacer es **tomar un descanso**. Esto no significa que estás renunciando o evadiendo el problema, sino que te estás dando el tiempo necesario para calmarte y volver con una mente más clara.

Tómate unos minutos para alejarte de lo que te está estresando. Puedes dar un paseo, escuchar música, hacer una actividad que te guste o simplemente relajarte en silencio. El descanso te permitirá reducir la intensidad de las emociones y ver la situación con más claridad cuando regreses a ella.

Habla sobre lo que sientes

Hablar de lo que te estresa puede ser una de las mejores formas de aliviar la presión. A veces, simplemente expresar tus emociones a alguien de confianza, como un amigo, un familiar o un profesor, puede ayudarte a sentirte más aliviada. Las personas que te rodean pueden ofrecerte perspectiva y apoyo, recordándote que no tienes que cargar con todo el peso del mundo sobre tus hombros.

Si no te sientes cómoda compartiendo con alguien, también puedes escribir sobre lo que sientes. Escribir tus pensamientos y emociones te permite procesarlos de manera más clara y puede ayudarte a ver soluciones que antes no habías considerado.

Cómo Mejorar tus Habilidades de Empatía

La empatía es una de las habilidades más poderosas que puedes desarrollar. No solo te ayuda a **comprender mejor a los demás**, sino que también mejora la calidad de tus relaciones y te permite conectar de manera más profunda con quienes te rodean. Ser empática significa **ponerte en el lugar de otra persona**, comprender lo que está sintiendo y responder de una manera que demuestre comprensión y apoyo. Al desarrollar tu empatía, no solo te vuelves más consciente de los sentimientos de los demás, sino que también te vuelves más sensible a los tuyos propios, lo que fortalece tu **inteligencia emocional**.

¿Qué es la empatía?

La empatía es la capacidad de entender y compartir los sentimientos de otra persona. No se trata solo de sentir lástima por alguien cuando lo está pasando mal, sino de ser capaz de imaginar lo que esa persona está experimentando y ofrecerle apoyo desde un lugar de comprensión genuina.

Existen dos tipos principales de empatía:

1. **Empatía emocional**: Es cuando sientes las emociones de otra persona como si fueran tuyas. Por ejemplo, si una amiga está triste, tú también puedes sentirte triste por lo que está pasando, porque logras conectar emocionalmente con ella.
2. **Empatía cognitiva**: Es cuando logras entender lo que otra persona está sintiendo, pero sin necesariamente

experimentar esas emociones tú misma. Sabes lo que está pasando por la mente de la otra persona y puedes **responder de manera racional** y con comprensión.

Ambos tipos de empatía son importantes, y combinarlos te ayudará a conectar con los demás de manera más profunda y significativa.

La importancia de la empatía en tus relaciones

Desarrollar tus habilidades de empatía puede transformar tus relaciones con amigos, familiares e incluso compañeros de clase. Cuando eres empática, las personas se sienten más comprendidas y valoradas a tu lado. Además, la empatía te permite resolver conflictos de manera más efectiva, ya que puedes ver las situaciones desde la perspectiva de la otra persona, lo que reduce malentendidos y mejora la comunicación.

Al mismo tiempo, la empatía también te permite conectar de forma más genuina con tus propias emociones. Cuanto más te esfuerzas en entender los sentimientos de los demás, más consciente te vuelves de tus propios sentimientos, lo que te ayuda a manejar tus emociones con mayor sabiduría.

Estrategias para mejorar tus habilidades de empatía

Mejorar tu empatía requiere **práctica y autoconciencia**, pero es una habilidad que puedes desarrollar con el tiempo. Aquí te dejo algunas estrategias que puedes aplicar en tu vida diaria para volverte más empática:

1. Escucha activamente

El primer paso para ser más empática es aprender a **escuchar de verdad**. A menudo, cuando estamos en una conversación, estamos más concentradas en lo que vamos a decir después que en lo que la otra persona está diciendo. La **escucha activa** implica prestar atención completa a la persona que está hablando, sin interrumpir ni juzgar.

Para practicar la escucha activa, sigue estos pasos:

- Mantén contacto visual con la persona que está hablando.
- Haz preguntas para aclarar lo que está diciendo.
- No interrumpas ni des consejos de inmediato, simplemente escucha.
- Confirma que has entendido bien diciendo cosas como: "Parece que te sientes frustrada por lo que pasó, ¿es así?".

Cuando realmente escuchas a alguien, le demuestras que te importa lo que siente y que estás ahí para comprenderla, no solo para dar una respuesta rápida.

2. Sé curiosa sobre los demás

A veces, para desarrollar empatía, necesitas ampliar tu perspectiva y aprender más sobre las experiencias de otras personas. Cada persona tiene una historia, una vida, y experiencias únicas que influyen en cómo ven el mundo. Ser curiosa y hacer preguntas abiertas, como "¿Cómo te hizo sentir eso?" o "¿Qué piensas sobre esto?", te permitirá profundizar en las emociones de los demás y entender mejor su punto de vista.

No asumas que conoces lo que siente la otra persona solo porque tú reaccionarías de cierta manera en la misma situación. Cada persona responde de forma diferente a los desafíos. Al ser curiosa y preguntar, abres espacio para comprender la realidad emocional del otro.

3. Sal de tu zona de confort

Una de las mejores maneras de aumentar tu empatía es exponerte a diferentes situaciones y personas que pueden tener experiencias o formas de vida diferentes a las tuyas. Al salir de tu zona de confort y conocer a personas con otros puntos de vista o estilos de vida, te desafías a ti misma a ver el mundo desde otras perspectivas.

Esto puede ser tan simple como hablar con alguien en tu escuela con quien normalmente no interactúas o participar en actividades fuera de tu grupo habitual. Cuanto más diversa sea tu exposición a diferentes personas y experiencias, más fácil será para ti comprender cómo otras personas experimentan el mundo.

4. Practica la autoconciencia emocional

La empatía comienza con **entender tus propias emociones**. Si no puedes identificar lo que sientes, será difícil reconocer lo que sienten los demás. Dedica tiempo a reflexionar sobre tus emociones y por qué te sientes de cierta manera en situaciones específicas. Pregúntate:

- ¿Cómo me siento en este momento y por qué?
- ¿Qué desencadenó esta emoción?
- ¿Cómo reacciono cuando siento esto?

Cuando eres más consciente de tus emociones, puedes **reconocer patrones similares en otras personas** y responder a sus sentimientos con más comprensión. La autoconciencia emocional es clave para ser más empática, ya que te permite conectar tus propias experiencias con las de los demás.

5. Imagina cómo se siente la otra persona

La empatía requiere que, en lugar de centrarte en tu propia perspectiva, **intentes ver la situación desde el punto de vista de la otra persona**. Esto no significa que estés de acuerdo con todo lo que hacen o dicen, pero sí significa que tratas de entender por qué se sienten como se sienten.

Cuando estés en una conversación o situación emocional, pregúntate: "¿Cómo me sentiría yo si estuviera en su lugar?" o "¿Qué podría estar pensando esta persona en este momento?". Al **ponerte en los zapatos de los demás**, podrás responder de manera más comprensiva.

6. Muestra compasión, no solo comprensión

La empatía no solo consiste en entender lo que alguien más está sintiendo, sino también en **responder con compasión**. Esto significa que, además de comprender las emociones de los demás, haces algo para demostrar que te importa. Puede ser algo tan simple como ofrecer palabras de apoyo, un abrazo o simplemente estar presente.

Mostrar compasión no requiere soluciones perfectas. Muchas veces, la mejor manera de mostrar empatía es simplemente estar allí para la otra persona y hacerle saber que no está sola.

7. Evita juzgar o minimizar las emociones de los demás

A veces, puedes tener la tentación de decir cosas como "No es para tanto" o "No deberías sentirte así" cuando alguien te comparte sus emociones. Sin embargo, estas respuestas **minimizan lo que la otra persona está sintiendo** y pueden hacer que se sienta incomprendida o ignorada. La empatía requiere que aceptes y valides las emociones de los demás, aunque no siempre las entiendas completamente.

En lugar de juzgar o minimizar, trata de decir cosas como: "Entiendo que esto te duele" o "Puedo ver que esto es importante para ti". Estas respuestas demuestran que estás escuchando y que respetas sus emociones, aunque tu perspectiva sea diferente.

8. Aprende de los errores

Nadie es perfecto, y habrá momentos en los que no respondas de la manera más empática posible. Lo importante es aprender de esos momentos. Reflexiona sobre las situaciones en las que podrías haber mostrado más empatía o haber escuchado mejor. Con cada experiencia, puedes mejorar tu capacidad para conectar con los demás de manera más efectiva.

El estrés y la ansiedad: Técnicas para mantener la calma

7 Estrategias para Identificar Cuándo Estás Estresada o Ansiosa

El estrés y la ansiedad son respuestas naturales a los desafíos y presiones de la vida diaria, pero si no las identificas a tiempo, pueden afectar tu bienestar emocional y físico. Muchas veces, te encuentras tan inmersa en tus actividades que no te das cuenta de que el estrés y la ansiedad están aumentando, hasta que te sientes abrumada o agotada. Identificar las señales tempranas del estrés y la ansiedad es clave para poder gestionarlas antes de que se conviertan en un problema mayor.

Ahora, analizaremos 7 estrategias que te ayudarán a reconocer cuándo estás estresada o ansiosa, para que puedas aplicar técnicas de relajación y autocuidado a tiempo.

1. Presta atención a las señales físicas

El estrés y la ansiedad suelen manifestarse primero en el cuerpo antes de que te des cuenta emocionalmente. Las señales físicas son una manera clara en la que tu cuerpo te dice que algo no está bien. Cuando estás estresada o ansiosa, es común que experimentes síntomas físicos como:

- Tensión muscular, especialmente en los hombros, el cuello y la mandíbula.
- Dolores de cabeza frecuentes o migrañas.
- Fatiga o agotamiento, incluso después de haber descansado.
- Problemas para dormir o despertarte con frecuencia durante la noche.
- Problemas digestivos, como malestar estomacal, náuseas o cambios en el apetito.

Si notas que tu cuerpo presenta estos síntomas, es una señal de que tu nivel de estrés o ansiedad está aumentando. Prestar atención a lo que te dice tu cuerpo es una de las formas más eficaces de detectar el estrés a tiempo.

2. Observa tus patrones de pensamiento

El estrés y la ansiedad a menudo desencadenan **patrones de pensamiento negativos** o acelerados. Si te encuentras preocupada constantemente, anticipando lo peor o sintiéndote abrumada por los "¿qué pasaría si...?", es posible que estés experimentando ansiedad.

Algunos signos de que tus pensamientos están siendo dominados por el estrés o la ansiedad incluyen:

- **Pensamiento catastrófico**: Imaginas los peores resultados posibles en cualquier situación.
- **Dificultad para concentrarte**: Te cuesta mantener la atención en una tarea, porque tu mente sigue saltando de una preocupación a otra.
- **Preocupación constante**: Te resulta difícil desconectar, incluso cuando no estás en una situación estresante. Es como si tu cerebro estuviera atrapado en un ciclo de preocupación.

Para identificar estos patrones, trata de observar tus pensamientos a lo largo del día. Si notas que siempre estás pensando en problemas futuros o que te sientes atrapada en pensamientos negativos, es una señal de que el estrés o la ansiedad están tomando el control.

3. Escucha tus emociones

El estrés y la ansiedad no solo afectan a tu cuerpo y mente, sino también a tus emociones. Si te sientes **irritable, sensible o abrumada** sin una razón clara, es probable que estés bajo el impacto del estrés. Las emociones que pueden indicar que estás estresada o ansiosa incluyen:

- Irritabilidad o enojo fácil ante situaciones menores.
- Sensación de que todo está fuera de control, lo que te hace sentir impotente o frustrada.
- Tristeza o sensación de estar emocionalmente agotada, incluso si no ha sucedido nada específicamente malo.

Aprender a escuchar tus emociones es clave para detectar cuándo el estrés está empezando a afectarte. Pregúntate cómo te has sentido emocionalmente durante el día. Si te das cuenta de que tus emociones están más intensas de lo normal, puede ser una señal de que algo más profundo está sucediendo.

4. Evalúa tu comportamiento

Algunas personas, por ejemplo, se vuelven más calladas o retraídas cuando están estresadas, mientras que otras pueden volverse más irritables o impulsivas. Prestar atención a **cambios en tu comportamiento** puede ser una manera efectiva de detectar si estás lidiando con niveles altos de estrés o ansiedad. Estos comportamientos comunes pueden ser señales de alerta:

- **Aislamiento social**: Si comienzas a evitar a tus amigos o familiares, o te cuesta interactuar con otras personas como lo hacías normalmente, puede ser una señal de que estás estresada o ansiosa.
- **Procrastinación**: Si te resulta difícil empezar o terminar tareas porque te sientes abrumada, esto puede ser una forma de evitar enfrentar el estrés.
- **Cambios en tu rutina**: Si empiezas a descuidar tus hábitos de autocuidado, como dormir bien, comer de manera equilibrada o hacer ejercicio, es posible que el estrés esté influyendo en tu rutina diaria.

5. Evalúa cómo está tu sueño

El sueño es uno de los primeros aspectos de tu vida que se ve afectado cuando estás estresada o ansiosa. Si te cuesta conciliar el sueño, te despiertas varias veces durante la noche o te levantas sintiéndote cansada, es una señal de que tu mente está lidiando con el estrés.

Presta atención a tus patrones de sueño:

- ¿Te cuesta relajarte antes de dormir porque tu mente está llena de pensamientos preocupantes?
- ¿Te despiertas en medio de la noche sintiendo ansiedad o agobio?
- ¿Te levantas sintiéndote cansada, incluso si has dormido muchas horas?

Si tu calidad de sueño está disminuyendo, es un indicativo de que tu cuerpo y mente no están encontrando la calma necesaria para descansar.

6. Observa tu relación con la comida

Algunas personas tienden a comer en exceso cuando están estresadas, mientras que otras pierden el apetito. Si notas cambios significativos en tu relación con la comida, es una señal de que algo no está bien.

Aquí te dejo algunas señales de alerta relacionadas con la comida:

- **Comer emocionalmente**: Usar la comida como una manera de lidiar con las emociones, especialmente cuando no tienes hambre física.
- **Pérdida de apetito**: Sentirte sin ganas de comer, incluso cuando sabes que deberías tener hambre.
- **Cambios en la forma en que te sientes después de comer**: Sentir culpa o insatisfacción después de comer en exceso o, por el contrario, sentirte débil porque no estás comiendo lo suficiente.

Si notas que tu apetito o tus hábitos alimenticios están cambiando, es un indicio de que tu cuerpo está respondiendo al estrés o la ansiedad.

7. Reconoce los momentos en los que te sientes abrumada

Cuando estás estresada o ansiosa, es común sentir que todo es "demasiado". Este sentimiento de estar abrumada puede manifestarse en cualquier aspecto de tu vida: escuela, relaciones personales o responsabilidades diarias. Sentirse abrumada significa que tienes la sensación de que no puedes manejar lo que está sucediendo, lo que provoca ansiedad y un deseo de alejarte de todo.

Pregúntate:

- ¿Me siento sobrecargada con mis tareas o responsabilidades?
- ¿Siento que no tengo suficiente tiempo para hacer todo lo que necesito?
- ¿Siento que cualquier tarea adicional es demasiado para mí?

Reconocer cuándo te sientes abrumada es clave para identificar cuándo el estrés o la ansiedad están tomando el control. Una vez que lo reconozcas, puedes tomar medidas para organizar tus tareas o pedir ayuda cuando sea necesario.

Técnicas Simples de Relajación y Respiración

El estrés y la ansiedad pueden hacerte sentir agobiada y fuera de control, pero afortunadamente, existen técnicas simples de relajación y respiración que puedes usar en cualquier momento para calmar tu mente y tu cuerpo. Estas técnicas son fáciles de aprender y, con un poco de práctica, puedes usarlas siempre que necesites reducir el estrés, antes de un examen, una presentación, o simplemente para relajarte al final del día.

1. Respiración Diafragmática (Respiración Profunda)

La respiración diafragmática, también conocida como respiración profunda, es una técnica de respiración que te permite relajar tu cuerpo y reducir el estrés al activar el sistema nervioso parasimpático, que es responsable de la calma y la relajación. Este tipo de respiración te ayuda a llenar tus pulmones completamente, utilizando el diafragma en lugar de solo el pecho, lo que mejora el flujo de oxígeno y te hace sentir más tranquila y centrada.

Cómo practicar la respiración diafragmática:

1. **Encuentra un lugar tranquilo**: Siéntate o recuéstate en una posición cómoda. Si lo prefieres, puedes cerrar los ojos para concentrarte mejor.
2. **Coloca una mano en tu pecho y la otra en tu abdomen**: Esto te ayudará a asegurarte de que estás respirando profundamente desde el diafragma y no solo desde el pecho.
3. **Inhala profundamente por la nariz durante 4 segundos**: Siente cómo tu abdomen se eleva mientras tu diafragma se llena de aire. La mano en tu abdomen debe moverse más que la del pecho.
4. **Sostén la respiración durante 2 segundos**: Esto te ayuda a calmar la mente y enfocarte en el presente.
5. **Exhala lentamente por la boca durante 6 segundos**: Mientras exhalas, siente cómo tu abdomen se contrae, liberando el aire de tus pulmones. Hazlo de manera lenta y controlada.
6. **Repite este ciclo de 5 a 10 veces**: A medida que repitas, notarás cómo tu cuerpo se relaja más y tu mente se aclara.

La respiración diafragmática te ayuda a reducir el ritmo cardíaco, disminuir la tensión muscular y calmar la mente, lo que la convierte en una herramienta poderosa para controlar el estrés en cualquier situación.

2. Técnica de Respiración 4-7-8

La técnica de **respiración 4-7-8** es otra forma eficaz de relajación que se basa en el control del ritmo respiratorio. Esta técnica fue desarrollada por el Dr. Andrew Weil y está diseñada para reducir la ansiedad, calmar la mente y ayudarte a conciliar el sueño más fácilmente. Es especialmente útil cuando sientes que tu mente está acelerada o si tienes problemas para relajarte antes de dormir.

Cómo practicar la respiración 4-7-8:

1. **Siéntate en una posición cómoda con la espalda recta**: Si lo prefieres, también puedes practicar esta técnica recostada en la cama antes de dormir.
2. **Inhala profundamente por la nariz durante 4 segundos**: Llena tus pulmones completamente y asegúrate de hacerlo de manera lenta y controlada.
3. **Sostén la respiración durante 7 segundos**: Mantener la respiración durante este tiempo permite que tu cuerpo se relaje profundamente y mejora el control de la ansiedad.
4. **Exhala lentamente por la boca durante 8 segundos**: Exhala con suavidad y control, dejando que todo el aire salga de tus pulmones de manera pausada.
5. **Repite el ciclo 4 veces al principio**: Con la práctica, puedes aumentar la cantidad de repeticiones hasta llegar a 8 ciclos completos.

La respiración 4-7-8 tiene un efecto calmante inmediato en el cuerpo y la mente, lo que la convierte en una técnica ideal para situaciones de estrés agudo o cuando necesitas calmarte rápidamente. Esta técnica también es útil para mejorar la calidad del sueño, ya que ayuda a reducir los pensamientos ansiosos antes de dormir.

3. Relajación Muscular Progresiva

La relajación muscular progresiva es una técnica que combina la respiración con la tensión y relajación de los músculos de tu cuerpo, lo que ayuda a liberar la tensión física acumulada por el estrés. Este método es útil cuando sientes tensión muscular debido al estrés o la ansiedad, y puede ayudarte a sentirte más relajada tanto física como mentalmente.

Cómo practicar la relajación muscular progresiva:

1. **Encuentra un lugar cómodo y tranquilo**: Siéntate o recuéstate en una posición cómoda donde puedas relajar completamente tu cuerpo.
2. **Empieza por tus pies**: Enfoca tu atención en los músculos de los pies y, mientras inhalas profundamente, **tensa** esos músculos lo más que puedas durante 5 segundos.
3. **Relaja los músculos al exhalar lentamente**: Siente cómo la tensión desaparece de tus pies mientras liberas el aire.
4. **Sigue subiendo por el cuerpo**: Después de relajar los pies, pasa a los músculos de las piernas, luego los glúteos, el abdomen, los brazos, las manos, los hombros y, finalmente, el rostro. Con cada grupo de músculos, inhala mientras los tensas, y exhala mientras los relajas.
5. **Repite el proceso si es necesario**: Si todavía sientes tensión en alguna parte del cuerpo, repite el ciclo de tensión y relajación en esa área específica.

La relajación muscular progresiva es ideal para **reducir la tensión física** que se acumula debido al estrés y la ansiedad. Al relajar conscientemente cada grupo de músculos, ayudas a liberar el estrés almacenado en el cuerpo, lo que te permite sentirte más ligera y tranquila.

¿Cómo Manejar los Exámenes y Otras Presiones Escolares sin Agobio?

Las presiones escolares, como los exámenes, las entregas de proyectos y las responsabilidades académicas, pueden generar altos niveles de estrés y ansiedad. Sentir que debes cumplir con expectativas, ya sea de tus maestros, familia o incluso de ti misma, puede hacer que te sientas agobiada o abrumada. Aunque el estrés en pequeñas dosis puede ayudarte a mantenerte motivada, si se vuelve demasiado, puede afectar tu bienestar mental y físico, además de influir en tu rendimiento escolar.

Existen estrategias prácticas para manejar los exámenes y otras presiones escolares sin sentirte agobiada. Aprender a organizarte, manejar el tiempo y mantener la calma te ayudará a enfrentar los desafíos escolares con más seguridad y confianza.

1. Planificación y organización: la clave para evitar el estrés

Una de las causas más comunes del estrés escolar es la falta de organización. Cuando no tienes un plan claro, es fácil sentir que no tienes tiempo suficiente o que todo está fuera de control. La planificación te permite visualizar tus tareas y responsabilidades, y dividirlas en pasos manejables.

Estrategias para organizarte mejor:

- **Crea un calendario de estudio**: Dedica un tiempo específico cada día a estudiar o trabajar en tus proyectos. Si tienes un examen en una semana, divide los temas en partes más pequeñas y dedica tiempo a repasarlos día a día. Esto evitará que tengas que estudiar todo de golpe a última hora, lo que aumenta el estrés.
- **Prioriza tus tareas**: Haz una lista de todo lo que necesitas hacer y ordena tus tareas por importancia y fechas de entrega. Saber qué es lo más urgente te ayudará a concentrarte y no sentir que todo debe hacerse al mismo tiempo.
- **Usa recordatorios y aplicaciones**: Existen muchas herramientas digitales, como aplicaciones de calendario o listas de tareas, que pueden ayudarte a mantener el control de tus responsabilidades. Utilízalas para programar recordatorios antes de exámenes, fechas límite o sesiones de estudio importantes.

Tener un plan claro aumentará tu confianza en tu capacidad para manejar las tareas escolares de manera más eficiente.

2. Establece metas realistas y alcanzables

A veces, el estrés surge cuando sientes que debes cumplir con estándares de perfección o cuando te pones demasiadas metas al mismo tiempo. Es importante que aprendas a establecer metas realistas y alcanzables, que te permitan progresar sin sentirte abrumada.

Cómo establecer metas realistas:

- **Divide las grandes tareas en pequeñas metas**: Si tienes un examen importante o un proyecto grande, divídelo en pasos más pequeños. En lugar de pensar en todo lo que tienes que estudiar, enfócate en un tema o sección cada día. Al cumplir con pequeñas metas, te sentirás más motivada y menos abrumada.

- **Acepta que no siempre serás perfecta**: A veces, el estrés viene de sentir que debes obtener una calificación perfecta en todo. Recuerda que lo importante es el esfuerzo que pones y que cada tarea es una oportunidad de aprender. **No te castigues por no ser perfecta**; en lugar de eso, celebra tus logros, por pequeños que sean.
- **Haz pausas regulares**: No intentes estudiar durante horas sin descansar. Hacer pausas cortas cada 45 minutos o una hora te ayudará a mantener la concentración y evitar el agotamiento. Puedes usar la técnica Pomodoro, que consiste en estudiar durante 25 minutos y luego tomar una pausa de 5 minutos. Esto hará que tus sesiones de estudio sean más productivas y menos estresantes.

3. Técnica de respiración antes de un examen o presentación

Los nervios antes de un examen o una presentación pueden hacer que te sientas ansiosa y que te cueste concentrarte. Sin embargo, aprender a controlar tu respiración en esos momentos puede ayudarte a calmarte y a enfocar tu mente. Una de las técnicas más simples que puedes usar es la respiración profunda.

Cómo usar la respiración para calmarte antes de un examen:

1. **Inhala profundamente por la nariz durante 4 segundos**. Asegúrate de llenar tus pulmones completamente.
2. **Sostén la respiración durante 2 segundos**. Esto te ayuda a pausar y enfocar tu mente.

3. **Exhala lentamente por la boca durante 6 segundos**. A medida que exhalas, imagina que estás soltando la tensión y el nerviosismo.
4. **Repite este ciclo 4 veces**. Al hacerlo, sentirás cómo tu cuerpo se relaja y tu mente se aclara.

Esta técnica no solo es efectiva antes de un examen o presentación, sino que también puedes usarla en cualquier momento en que te sientas ansiosa o agobiada.

4. Mantén una rutina de autocuidado

Es fácil olvidarse del **autocuidado** cuando estás bajo presión escolar. Sin embargo, mantener hábitos saludables es clave para gestionar el estrés. Si descuidas tu bienestar físico y emocional, tu capacidad para concentrarte y rendir en la escuela se verá afectada.

Consejos de autocuidado para reducir el estrés escolar:

- **Duerme lo suficiente**: Dormir es esencial para tu memoria, concentración y bienestar emocional. Asegúrate de dormir entre 7 y 9 horas por noche, especialmente antes de un examen. No sacrifiques el sueño por estudiar más; un cerebro bien descansado retiene mejor la información.
- **Haz ejercicio regularmente**: El ejercicio no solo es bueno para tu cuerpo, sino que también libera endorfinas, que son hormonas que te hacen sentir bien. Sal a caminar, corre, baila o haz cualquier actividad física que disfrutes para liberar la tensión acumulada.
- **Come de manera equilibrada**: Evita los alimentos altos en azúcar y cafeína antes de los exámenes, ya que pueden aumentar tu ansiedad. En su lugar, elige alimentos que te

den energía de manera sostenible, como frutas, verduras, proteínas y granos integrales.

- **Dedica tiempo para relajarte**: Aparte de estudiar, asegúrate de reservar tiempo para hacer actividades que disfrutes y que te relajen, como leer, ver una serie o practicar un hobby. Esto te ayudará a recargar energías y evitar el agotamiento mental.

5. Enfrenta el miedo al fracaso con una mentalidad de crecimiento

El miedo al fracaso es una de las principales fuentes de ansiedad en los exámenes y proyectos escolares. Si constantemente te preocupas por lo que pasará si no obtienes la calificación que esperas, es fácil que te agobies. En lugar de enfocarte en el miedo al fracaso, trata de adoptar una mentalidad de crecimiento.

La mentalidad de crecimiento se basa en la idea de que los errores y los fracasos son oportunidades para aprender y mejorar, en lugar de algo que define tu valor. Si no obtienes la nota que querías en un examen, en lugar de decirte "Soy mala en esta materia", podrías decir "Puedo mejorar y aprender de esto para hacerlo mejor la próxima vez".

Recuerda que **el aprendizaje es un proceso**, y no siempre tiene que ver con el resultado inmediato. Lo importante es que sigas esforzándote y aprendiendo de cada experiencia.

6. Habla sobre tus preocupaciones

Si sientes que la presión escolar se vuelve demasiado, **no dudes en hablar con alguien**. Puede ser un amigo, un familiar, un profesor o un orientador escolar. A veces, solo expresar lo que sientes y compartir tus preocupaciones puede aliviar gran parte del estrés.

También puedes pedir consejo sobre cómo manejar tu tiempo o estrategias de estudio. No estás sola en esto, y buscar apoyo puede hacer una gran diferencia en cómo te sientes con respecto a las responsabilidades escolares.

7. Acepta que el estrés es parte del proceso

Finalmente, es importante aceptar que un cierto nivel de estrés es parte natural de la vida escolar y de cualquier proceso de aprendizaje. El estrés en pequeñas dosis puede ser motivador, empujándote a prepararte mejor y a dar lo mejor de ti. La clave está en no dejar que el estrés se convierta en algo abrumador.

Cuando sientas que el estrés está tomando el control, aplica las estrategias que hemos discutido: respira profundamente, organiza tus tareas y cuida de ti misma. Al hacerlo, estarás mejor preparada para manejar cualquier examen o proyecto que se te presente, sin sentir que el agobio te está venciendo.

Capítulo 3: Hábitos, Responsabilidades y Gestión del Tiempo

"La clave no es gastar tiempo, sino invertirlo."
— Stephen R. Covey

Hábitos que cambian vidas: Rutinas para el éxito

Cómo Crear Hábitos Saludables y Duraderos

Los hábitos son las acciones que realizas de manera regular, casi sin pensar. Desde la forma en que te cepillas los dientes hasta cómo organizas tu día, los hábitos son una parte esencial de tu vida. Pero no todos los hábitos son iguales; algunos te ayudan a crecer, mejorar y alcanzar tus metas, mientras que otros pueden frenarte o generar estrés. Crear hábitos saludables y duraderos es clave para el éxito en cualquier aspecto de tu vida, ya sea en la escuela, en tus relaciones o en tu bienestar físico y mental.

La buena noticia es que los hábitos no son algo fijo: puedes cambiarlos y desarrollar nuevos hábitos que te impulsen hacia una vida más equilibrada y exitosa.

¿Qué es un hábito?

Un hábito es una acción que repites regularmente hasta que se convierte en una parte automática de tu rutina diaria. Cuando algo se vuelve un hábito, ya no necesitas pensar demasiado para hacerlo; simplemente lo haces de manera natural. Algunos hábitos, como despertarte a la misma hora todos los días o hacer ejercicio regularmente, pueden mejorar tu bienestar. Otros, como postergar tus tareas o no dormir lo suficiente, pueden afectar tu productividad y tu salud.

La clave para desarrollar hábitos saludables es entender que no se forman de la noche a la mañana. Crear un hábito lleva tiempo y repetición, pero con paciencia y dedicación, cualquier acción positiva puede convertirse en parte de tu vida diaria. Pero, ¿cómo puedes empezar a crear hábitos duraderos? Aquí te explico algunos pasos:

1. Empieza con metas pequeñas y específicas

Uno de los errores más comunes al intentar crear hábitos es empezar con metas demasiado grandes o ambiguas. Si intentas cambiar demasiadas cosas al mismo tiempo o te impones metas irrealistas, es probable que te sientas abrumada y abandones antes de haber logrado el cambio. Para que un hábito se mantenga a largo plazo, es importante empezar poco a poco y con metas claras.

Cómo hacerlo:

- Si tu meta es hacer ejercicio regularmente, en lugar de decir "Voy a hacer ejercicio todos los días", empieza con algo más específico y manejable, como "Voy a hacer ejercicio 3 veces a la semana durante 20 minutos". Esto te permitirá desarrollar consistencia sin sentir que te exiges demasiado desde el principio.

- Si deseas mejorar tus hábitos de estudio, en lugar de decir "Voy a estudiar más", establece una meta específica como "Voy a estudiar matemáticas durante 30 minutos después de la escuela todos los días". Tener un plan claro te ayudará a mantener el enfoque y a seguirlo más fácilmente.

Recuerda que los pequeños pasos llevan a grandes resultados. Una vez que te sientas cómoda con un hábito pequeño, puedes aumentarlo gradualmente.

2. Usa recordatorios y señales visuales

Es fácil olvidar un hábito nuevo cuando aún no se ha integrado completamente en tu rutina. Una manera eficaz de **recordar hacer tu nuevo hábito** es utilizar señales visuales o recordatorios que te ayuden a mantener el hábito en mente hasta que se vuelva automático.

Cómo hacerlo:

- Coloca notas adhesivas en lugares visibles que te recuerden tu nuevo hábito. Por ejemplo, si quieres beber más agua durante el día, coloca una nota en tu escritorio o en la nevera que te recuerde beber un vaso de agua cada cierto tiempo.
- Usa alarmas o notificaciones en tu teléfono. Si tu objetivo es hacer ejercicio o meditar, configura una alarma diaria a la hora en que deseas hacerlo. Las señales visuales y los recordatorios te ayudarán a **mantenerte enfocada** en el hábito, especialmente durante las primeras semanas.
- Deja los objetos necesarios para tu nuevo hábito en un lugar donde los veas. Si quieres leer más, deja un libro en tu mesa de noche para que te recuerde leer antes de

dormir. Si tu meta es hacer yoga, coloca tu esterilla en un lugar visible.

Estas señales y recordatorios son pequeños empujones que te ayudan a recordar tu compromiso y hacer que el hábito se mantenga en tu rutina diaria.

3. Asocia tu nuevo hábito con uno existente

Una técnica efectiva para integrar un hábito nuevo es asociarlo con uno que ya forma parte de tu rutina diaria. Esto se conoce como "apilamiento de hábitos" y es una forma poderosa de asegurarte de que no olvides el nuevo hábito.

Cómo hacerlo:

- Si ya tienes el hábito de cepillarte los dientes cada mañana, puedes usarlo como señal para hacer algo más. Por ejemplo, si deseas desarrollar el hábito de meditar, puedes decirte: "Después de cepillarme los dientes, voy a meditar durante 5 minutos".
- Si tu meta es escribir en un diario, puedes hacerlo después de cenar, un momento en el que ya tienes una rutina establecida. Decir "Después de cenar, escribiré 5 minutos en mi diario" conecta el nuevo hábito con uno que ya haces.

Este apilamiento de hábitos es eficaz porque no necesitas recordar hacer algo nuevo por tu cuenta; simplemente lo integras en una actividad que ya forma parte de tu día.

4. Sé constante, pero flexible

La **consistencia** es fundamental cuando se trata de formar un hábito. Sin embargo, también es importante ser flexible y no castigarte si un día no puedes cumplir con tu nuevo hábito. A veces, las circunstancias no te permitirán seguir tu plan al 100%, y eso está bien. Lo importante es volver a intentarlo al día siguiente.

Cómo hacerlo:

- Si un día no puedes seguir tu rutina de ejercicio o no puedes cumplir con tu hábito de estudio, no te castigues ni pienses que todo está perdido. La clave para un hábito duradero no es la perfección, sino la consistencia a lo largo del tiempo.
- Sé flexible y ajusta tus expectativas si es necesario. Si un hábito se vuelve abrumador, revisa si puedes reducirlo un poco para que sea más manejable y realista. Por ejemplo, si inicialmente te propusiste leer 30 minutos al día, pero te resulta difícil, ajusta la meta a 15 minutos.

Recuerda que cada día es una nueva oportunidad para seguir adelante con tu hábito. Lo más importante es no rendirse y seguir trabajando en la constancia.

5. Celebra tus logros

Cada vez que sigues un hábito, recompénsate de alguna manera. Reconocer tu progreso, por pequeño que sea, es una manera de mantenerte motivada. Celebrar tus logros crea una asociación positiva con el hábito, lo que te hará sentir más emocionada por seguir adelante.

Cómo hacerlo:

- Después de cumplir con tu hábito, tómate un momento para **reconocer tu logro**. Esto puede ser algo simple, como decirte a ti misma "¡Lo hice!" o llevar un registro de tus avances en una libreta o aplicación.

- También puedes darte pequeñas recompensas. Por ejemplo, después de completar una semana haciendo ejercicio regularmente, prémiate viendo tu película favorita o disfrutando de una salida con amigas.

Recompensarte te ayuda a mantener la motivación y a sentir que el esfuerzo está dando frutos.

6. Rodéate de personas que te apoyen

El apoyo de las personas que te rodean puede tener un impacto enorme en tu capacidad para mantener un hábito saludable. Si estás rodeada de personas que te apoyan y creen en ti, será más fácil mantenerte motivada y enfocada en tus metas.

Cómo hacerlo:

- **Comparte tus metas** con amigos o familiares que te apoyen. Al contarle a alguien sobre tu nuevo hábito, no solo te sentirás más comprometida, sino que también recibirás apoyo y ánimo en momentos difíciles.
- Si es posible, **haz el hábito con alguien más**. Si tu meta es hacer ejercicio, tener un amigo o familiar con quien hacerlo puede hacer que la actividad sea más divertida y te ayudará a mantenerte constante.
- Evita rodearte de personas que te desanimen o no apoyen tus metas. Si alguien no cree en ti o en tus hábitos, no permitas que sus palabras te desmotiven. Rodéate de energía positiva y de personas que te impulsen hacia adelante.

7. Sé paciente contigo misma

Formar un hábito lleva tiempo. No te frustres si no ves resultados inmediatos o si el hábito no se establece de inmediato. La clave es ser paciente y darle tiempo al proceso. La repetición diaria es lo que convierte una acción en un hábito duradero.

Cómo hacerlo:

- Recuerda que según estudios, formar un hábito puede llevar entre **21 y 66 días**, dependiendo de la complejidad del hábito y de la persona. No te desanimes si no ves cambios en la primera semana. Sigue adelante con constancia.
- **Mantén una mentalidad de crecimiento**. En lugar de pensar "Nunca voy a lograrlo", di "Estoy aprendiendo a incorporar este hábito en mi vida, y cada día me acerco más a hacerlo parte de mí". Sé amable contigo misma y celebra el progreso, por pequeño que sea.

La Importancia del Autocuidado: Comida, Ejercicio y Descanso

El autocuidado es esencial para tu bienestar físico, mental y emocional. A menudo, en medio de la escuela, las responsabilidades y las actividades sociales, es fácil olvidar la importancia de cuidar de ti misma. Sin embargo, el autocuidado no es un lujo ni algo que solo debes hacer cuando tienes tiempo libre; es una parte fundamental para llevar una vida equilibrada y exitosa. Comer bien, hacer ejercicio regularmente y descansar lo suficiente no solo te ayudan a sentirte mejor, sino que también te dan la energía, la claridad mental y el enfoque que necesitas para alcanzar tus metas.

A continuación, explicaremos por qué el autocuidado es tan importante y cómo integrar hábitos saludables relacionados con la comida, el ejercicio y el descanso en tu rutina diaria.

1. Alimentación: Combustible para tu cuerpo y mente

La frase "eres lo que comes" no podría ser más cierta. **La comida es el combustible** que tu cuerpo y tu mente necesitan para funcionar correctamente. Lo que comes afecta directamente tu energía, tu concentración, tu estado de ánimo y tu bienestar en general. Cuando te alimentas de manera equilibrada, te sientes más alerta, productiva y lista para enfrentar los desafíos del día.

Consejos para una alimentación saludable:

- **Variedad de alimentos**: Una alimentación balanceada incluye una variedad de frutas, verduras, proteínas, granos integrales y grasas saludables. Cuanta más variedad haya en tu dieta, más nutrientes esenciales recibirás.
- **No te saltes las comidas**: Saltarte comidas, especialmente el desayuno, puede hacer que te sientas cansada y menos concentrada durante el día. El desayuno es especialmente importante, ya que te proporciona la energía necesaria para comenzar el día con buen pie.
- **Opta por snacks saludables**: Si necesitas comer entre comidas, elige opciones saludables como frutas, nueces o yogur en lugar de snacks ultraprocesados y altos en azúcar. Estos te proporcionan energía sostenible sin causar picos y caídas bruscas de azúcar en la sangre.
- **Bebe suficiente agua**: La hidratación es clave para que tu cuerpo y mente funcionen de manera óptima. A veces, el cansancio o la falta de concentración están relacionados con la deshidratación. Intenta beber al menos 8 vasos de agua al día para mantenerte bien hidratada.

Una alimentación equilibrada no solo afecta tu cuerpo, sino también tu salud mental. Comer de manera saludable te permite sentirte más fuerte y con mejor ánimo, lo que impacta en tu confianza y tu capacidad para manejar el estrés y los desafíos.

2. Ejercicio: Energía para el cuerpo y la mente

El ejercicio regular no solo es fundamental para mantenerte en forma físicamente, sino que también tiene un impacto positivo en tu salud mental y emocional. El ejercicio libera endorfinas, conocidas como las hormonas de la felicidad, que mejoran tu estado de ánimo y reducen el estrés. Además, te ayuda a mejorar la concentración, el enfoque y la autoestima.

Consejos para integrar el ejercicio en tu rutina:

- **Encuentra una actividad que disfrutes**: No tienes que ir al gimnasio si no te gusta. Encuentra una actividad física que disfrutes, ya sea bailar, practicar yoga, correr, nadar o incluso salir a caminar. Lo importante es que te mantengas en movimiento.
- **Establece metas realistas**: Si estás empezando a hacer ejercicio, no te exijas demasiado al principio. Comienza con metas pequeñas, como hacer ejercicio 3 veces a la semana durante 20 minutos, y ve aumentando el tiempo y la frecuencia a medida que te sientas más cómoda.
- **Incorpora el ejercicio a tu rutina diaria**: No tienes que reservar una hora completa todos los días para hacer ejercicio. Puedes hacer pequeñas sesiones de actividad física a lo largo del día. Por ejemplo, puedes hacer una caminata rápida durante los descansos entre clases o hacer estiramientos mientras estudias.
- **Usa el ejercicio como una forma de relajación**: El ejercicio también puede ser una excelente manera de liberar el estrés acumulado durante el día. Si te sientes ansiosa o abrumada, hacer ejercicio te ayudará a liberar esa tensión y a sentirte más relajada y en paz.

El ejercicio regular no solo mejora tu condición física, sino que también te ayuda a **mantener una mente clara y enfocada**, lo que es esencial para tener éxito en la escuela y en otros aspectos de tu vida.

3. Descanso: La clave para el rendimiento y la salud mental

A menudo, el descanso es lo primero que sacrificamos cuando estamos ocupadas con la escuela o las responsabilidades. Sin embargo, dormir lo suficiente es fundamental para tu bienestar general y tu capacidad para manejar el estrés. El descanso adecuado mejora tu memoria, tu capacidad de aprendizaje y tu estado de ánimo, mientras que la falta de sueño afecta tu concentración, tus emociones y tu salud física.

Consejos para mejorar tu descanso:

- **Establece una rutina de sueño regular**: Trata de irte a dormir y despertar a la misma hora todos los días, incluso los fines de semana. Tener un horario de sueño regular ayuda a regular tu reloj interno y te permite descansar mejor.
- **Crea un ambiente propicio para dormir**: Asegúrate de que tu habitación sea un lugar tranquilo, oscuro y cómodo para dormir. Elimina las distracciones, como el uso del teléfono o la televisión, al menos 30 minutos antes de dormir.
- **Evita la cafeína antes de dormir**: La cafeína puede interferir con tu capacidad para conciliar el sueño. Evita bebidas como el café, el té o los refrescos en las horas cercanas a la hora de acostarte.
- **Desarrolla una rutina relajante antes de dormir**: Antes de irte a dormir, dedica unos minutos a relajarte y desconectar. Puedes leer un libro, escuchar música suave

o practicar respiración profunda. Esto ayudará a tu mente a relajarse y prepararse para un sueño reparador.

Dormir lo suficiente es esencial para tu **salud física y mental**. Sin el descanso adecuado, no tendrás la energía ni la claridad mental necesarias para enfrentar tus tareas diarias con éxito.

El autocuidado como un hábito

Incorporar estos aspectos del autocuidado —alimentación saludable, ejercicio regular y descanso adecuado— no debería ser algo que solo hagas ocasionalmente, sino que deben convertirse en **hábitos regulares** en tu vida. La clave para crear estos hábitos es la consistencia y la paciencia. No necesitas hacer cambios radicales de inmediato; comienza con pequeños pasos que se ajusten a tu estilo de vida y, con el tiempo, estos hábitos se integrarán de manera natural en tu rutina diaria.

Cuando priorizas el autocuidado, no solo te cuidas físicamente, sino que también te das el mensaje de que te valoras y te respetas. El autocuidado es una forma de amor propio, y al cuidar de ti misma, te preparas para enfrentar cualquier desafío con más fuerza, claridad y confianza.

Métodos para Mantener la Motivación a Largo Plazo

Crear hábitos saludables y productivos es esencial para el éxito, pero uno de los desafíos más grandes es **mantener la motivación** a largo plazo. Al principio, es fácil sentirse entusiasmada por tus metas, pero con el tiempo, la energía puede disminuir y es común perder el enfoque. La clave para lograr el éxito duradero es encontrar formas efectivas de mantener la motivación, incluso cuando los desafíos aparezcan o cuando la emoción inicial se desvanezca.

Existen métodos prácticos para mantener la motivación a largo plazo, asegurándote de que sigas avanzando hacia tus metas y mantengas los hábitos que has trabajado tanto en desarrollar.

1. Define un "por qué" claro y significativo

El primer paso para mantener la motivación es tener claro el **"por qué"** detrás de tus hábitos y metas. Cuando sabes **por qué** haces lo que haces, te será más fácil mantenerte enfocada, incluso cuando las cosas se pongan difíciles. Tu "por qué" debe ser algo significativo para ti, algo que te impulse a seguir adelante y que te recuerde los beneficios a largo plazo de mantenerte en el camino.

Cómo hacerlo:

- Pregúntate: ¿Por qué quiero desarrollar este hábito? ¿Es porque quieres mejorar tu salud, ser más productiva o sentirte más segura de ti misma? Saber exactamente qué te motiva te ayudará a superar la pereza o la falta de motivación.
- Escribe tu "por qué" en un lugar visible, como tu diario, una nota en tu teléfono o una cartelera en tu habitación. Verlo todos los días te recordará la razón por la que comenzaste y te dará la fuerza para seguir adelante.

Cuando tu "por qué" es poderoso y personal, será más fácil mantener la motivación, porque recordarás constantemente el **propósito detrás de tus acciones**.

2. Establece metas a corto y largo plazo

Otro aspecto clave para mantener la motivación es **dividir tus metas en objetivos a corto y largo plazo**. Las metas a largo plazo son importantes porque te muestran hacia dónde quieres llegar, pero pueden parecer lejanas o inalcanzables. Por eso, es esencial tener **metas a corto plazo** que te permitan celebrar el progreso y mantenerte enfocada.

Cómo hacerlo:

- **Define una meta a largo plazo** relacionada con el hábito que deseas desarrollar. Por ejemplo, si tu meta es mejorar tu condición física, puede ser "correr 5 kilómetros sin parar en los próximos 3 meses" o "mantener una rutina de ejercicio constante durante un año".
- **Establece metas más pequeñas** que te lleven a esa gran meta. Si tu meta es correr 5 kilómetros, un objetivo a corto plazo podría ser "correr 1 kilómetro 3 veces por semana" durante el primer mes. Este tipo de objetivo es más manejable y te permitirá ver el progreso a medida que avanzas.

3. Usa la técnica de visualización

La **visualización** es una técnica poderosa que te ayuda a **mantener el enfoque** en tus metas y a visualizar el éxito que quieres alcanzar. Visualizarte a ti misma logrando tu objetivo no solo te motiva, sino que también te ayuda a superar los momentos de duda o falta de motivación. Cuando visualizas, entrenas a tu mente para creer que es posible lograr lo que deseas.

Cómo practicar la visualización:

- Tómate unos minutos cada día, preferiblemente por la mañana o antes de dormir, para **visualizarte a ti misma** cumpliendo tu meta. Imagina cómo te sentirás cuando lo logres, cómo será tu vida una vez que ese hábito esté completamente integrado en tu rutina.
- Sé detallada. No solo imagines el objetivo final, sino también los pasos que estás tomando ahora para llegar allí. Por ejemplo, si tu meta es mejorar en una materia, imagínate estudiando, tomando notas y sintiéndote segura en un examen.

La visualización te ayuda a mantener una mentalidad positiva y de éxito, recordándote que lo que estás haciendo ahora está encaminado hacia una meta más grande.

4. Encuentra un sistema de apoyo

Tener personas a tu alrededor que te apoyen y te impulsen es clave para mantener la motivación. El apoyo social no solo te anima, sino que también te ayuda a sentirte responsable de tu progreso. Cuando compartes tus metas con amigos, familiares o compañeros, es más probable que te mantengas comprometida.

Cómo hacerlo:

- **Comparte tus metas** con personas de confianza. Al contarle a alguien sobre lo que estás trabajando, te sientes más responsable de cumplirlo, ya que hay alguien más pendiente de tu progreso.
- Si es posible, encuentra a alguien con una **meta similar** para que se apoyen mutuamente. Pueden ser compañeros de estudio que también quieran mejorar sus hábitos de organización, amigos que quieran empezar a hacer ejercicio o incluso una comunidad online de

personas que estén trabajando en metas similares. Esto crea un sentido de compañerismo y motivación compartida.

- **Busca retroalimentación y ánimo**. Cuando sientas que tu motivación está decayendo, habla con alguien de tu círculo de apoyo. Ellos pueden ofrecerte palabras de aliento, consejos y recordarte por qué empezaste en primer lugar.

5. Sigue tu progreso de manera visible

Ver tu progreso de forma visual es una manera eficaz de mantener la motivación a largo plazo. Cuando puedes ver cuánto has avanzado, te sientes más motivada a continuar. Registrar tu progreso te da una sensación de logro y te permite ver que los pequeños pasos que das cada día realmente suman.

Cómo hacerlo:

- **Lleva un registro en papel o digital**: Puedes usar una libreta, un diario o aplicaciones específicas para registrar cada día que sigues tu hábito. Por ejemplo, si estás trabajando en leer más, puedes registrar cuántos minutos o páginas lees cada día. Si tu meta es hacer ejercicio, anota los días en que lo lograste.
- **Usa una cadena de hábitos**: Esta técnica consiste en marcar cada día en que cumples con tu hábito en un calendario o en una app. A medida que los días se van acumulando, verás una "cadena" de logros. El objetivo es mantener la cadena lo más larga posible, y el orgullo de ver los días consecutivos en los que lo has logrado te motivará a no romperla.
- **Revisa tu progreso regularmente**: Tómate un momento cada semana o cada mes para mirar tu progreso. Reflexiona sobre lo que has logrado, lo que ha

funcionado bien y qué ajustes podrías hacer para seguir avanzando.

6. Sé flexible y ajusta tus expectativas

Es normal que, a lo largo del tiempo, haya momentos en los que tu motivación disminuya o enfrentes obstáculos. Es importante que **no te castigues** si tienes algún día en el que no cumples con tu hábito o si las cosas no salen como esperabas. La flexibilidad es clave para mantener la motivación a largo plazo.

Cómo hacerlo:

- **Acepta los días difíciles**. Si un día no puedes seguir tu plan o cumplir con tu hábito, no te castigues. Lo importante es no permitir que un pequeño desliz te haga abandonar. Retoma tu plan al día siguiente con una mentalidad positiva.
- **Ajusta tus expectativas si es necesario**. Si sientes que tu meta es demasiado abrumadora o que has puesto demasiada presión sobre ti misma, ajusta tu plan. Es mejor hacer pequeños cambios gradualmente que tratar de lograr demasiado de golpe y perder la motivación.
- **Aprende de los contratiempos**. En lugar de verlos como fracasos, ve los momentos difíciles como oportunidades para aprender. Pregúntate: ¿Qué puedo hacer de manera diferente la próxima vez? Reflexionar sobre tus experiencias te ayudará a ajustar tus estrategias y mantener el enfoque.

7. Haz que tus hábitos sean parte de tu identidad

Uno de los métodos más efectivos para mantener la motivación a largo plazo es hacer que tus hábitos no solo sean una tarea que debes cumplir, sino que se conviertan en una parte de quién eres. Cuando tus hábitos están alineados con tu identidad, se vuelven más fáciles de mantener porque reflejan la persona que quieres ser.

Cómo hacerlo:

- **Visualízate como la persona que ya tiene ese hábito.** Si estás trabajando en el hábito de estudiar de manera más organizada, piensa: "Soy una persona organizada y disciplinada", en lugar de "Quiero ser más organizada". Asumir esa identidad hace que los hábitos sean parte de tu rutina natural.
- **Haz que los hábitos reflejen tus valores.** Si te importa tu salud, el ejercicio no es solo una obligación, sino una forma de cuidar de ti misma. Si te importa tu éxito académico, estudiar de manera constante no es solo una tarea, es una forma de ser una estudiante dedicada.

Cuanto más conectes tus hábitos con tu identidad y tus valores, más fácil será mantener la motivación a largo plazo, porque no se trata solo de cumplir metas, sino de convertirte en la persona que deseas ser.

Gestión del tiempo: ¿Cómo aprovechar cada minuto?

Crear un Horario Efectivo y Equilibrado

Uno de los mayores desafíos en la vida de una adolescente es gestionar bien el tiempo. Entre las clases, las tareas, los proyectos, las actividades extracurriculares, las responsabilidades en casa y el tiempo para ti misma, puede parecer que nunca hay suficientes horas en el día. Sin embargo, la clave para aprovechar cada minuto no es tener más tiempo, sino **usar mejor el tiempo que tienes**. Un horario efectivo y equilibrado no solo te ayuda a cumplir con tus responsabilidades, sino que también te permite hacer espacio para lo que disfrutas y cuidar de tu bienestar personal.

Con los siguientes consejos, podrás crear un horario que te permita ser productiva sin sentirte agobiada, de manera que puedas mantener el equilibrio entre tus obligaciones y tu tiempo libre.

1. Evalúa en qué inviertes tu tiempo

Antes de crear un horario efectivo, es importante que evalúes cómo estás utilizando tu tiempo actualmente. Muchas veces, pasamos más tiempo de lo que pensamos en actividades que no son productivas o que nos distraen de nuestras responsabilidades. Tomarse el tiempo para observar cómo gastas cada hora de tu día te dará una mejor idea de dónde puedes hacer ajustes para ser más eficiente.

Cómo hacerlo:

- **Haz una lista de todas tus actividades diarias**: Incluye todo, desde las clases, las tareas, las actividades extracurriculares y las responsabilidades del hogar, hasta el tiempo que pasas en redes sociales o viendo televisión.
- **Sé honesta contigo misma**: ¿Cuánto tiempo pasas en actividades que no son esenciales? ¿Cuánto tiempo podrías ahorrar si organizas mejor tu día? Identificar las áreas donde se pierde el tiempo es el primer paso para crear un horario más equilibrado.
- **Haz una auditoría de tu tiempo** durante una semana. Registra cuánto tiempo pasas en cada actividad, desde estudiar hasta el tiempo en el teléfono. Esto te ayudará a ver con claridad cuáles son las áreas que podrían mejorar.

Este análisis te permitirá descubrir patrones de uso del tiempo y determinar qué ajustes puedes hacer para aprovechar mejor tus horas.

2. Prioriza tus responsabilidades y metas

No todas las tareas son igualmente importantes. Un horario efectivo se basa en establecer prioridades claras para que puedas enfocarte primero en las actividades que más impacto tienen en tu vida y tus metas. Cuando priorizas, te aseguras de que las tareas más importantes se realicen a tiempo, y te sientes más productiva y en control.

Cómo hacerlo:

- **Haz una lista de tus responsabilidades diarias y semanales**. Incluye todo lo que debes hacer: estudiar, tareas, actividades, etc.
- **Ordena estas tareas por importancia y urgencia**. Puedes usar la **Matriz de Eisenhower**, una herramienta que divide las tareas en cuatro categorías:
    1. **Importantes y urgentes** (estas deben hacerse lo antes posible).
    2. **Importantes pero no urgentes** (estas son clave para tu éxito a largo plazo, como estudiar regularmente o hacer ejercicio).
    3. **Urgentes pero no importantes** (puedes delegarlas o hacerlas rápidamente).
    4. **No importantes ni urgentes** (estas son distracciones que debes minimizar, como pasar mucho tiempo en redes sociales).
- **Prioriza lo importante sobre lo urgente**. Muchas veces, las tareas urgentes se sienten más apremiantes, pero no son necesariamente las más importantes. Las tareas

importantes, aunque no tengan una fecha límite cercana, son las que te acercarán a tus metas a largo plazo.

Cuando tengas claras tus prioridades, será más fácil distribuir tu tiempo de manera equilibrada.

3. Diseña un horario semanal equilibrado

Un horario efectivo debe incluir tiempo para todo, desde tus responsabilidades hasta tus momentos de descanso. Diseñar un horario semanal te permitirá tener una visión clara de cómo dividir tu tiempo y asegurarte de que no estés dejando ninguna área importante de lado.

Cómo hacerlo:

- **Usa una agenda, una aplicación o una hoja de papel** para diseñar tu horario. Elige el formato que más te guste, pero asegúrate de tenerlo en un lugar donde puedas verlo diariamente.
- **Asigna bloques de tiempo específicos** para cada tarea o actividad. Por ejemplo, puedes dedicar una hora cada tarde a estudiar matemáticas, o 30 minutos antes de cenar para hacer ejercicio. Los bloques de tiempo te permiten concentrarte en una tarea específica sin sentirte abrumada por todo lo que tienes que hacer.
- **Asegúrate de incluir tiempo para descansar**. El descanso y el tiempo para relajarte son esenciales para mantener un equilibrio saludable. Programa pausas entre las sesiones de estudio o actividades para evitar el agotamiento.

De esta forma, podrás organizar tu día de manera que seas más eficiente y tengas tiempo para todo lo importante.

4. Establece una rutina matutina efectiva

Una **rutina matutina** bien organizada puede marcar la diferencia en cómo enfrentas el resto de tu día. Cuando comienzas la mañana con estructura y propósito, te sientes más preparada y en control, lo que te permite ser más productiva durante todo el día.

Cómo hacerlo:

- **Despierta a la misma hora cada día**. Esto te ayudará a mantener un ritmo constante y a sentirte más descansada y lista para comenzar el día. Intenta despertarte temprano para aprovechar más las horas de la mañana.
- **Haz algo positivo al despertar**. Puedes comenzar con una pequeña rutina de estiramientos, meditación o incluso leer algo inspirador. Esto te ayuda a empezar el día con energía y una actitud positiva.
- **Desayuna bien**. Tu cuerpo necesita energía para comenzar el día con fuerza, así que asegúrate de tomar un desayuno equilibrado que incluya proteínas, frutas y cereales integrales.
- **Dedica los primeros minutos del día a revisar tu agenda**. Esto te permitirá visualizar lo que tienes planeado y comenzar el día con un enfoque claro.

Si lograr crear una rutina matutina efectiva, comenzarás cada día con el pie derecho, lo que influirá positivamente en tu productividad y tu estado de ánimo.

5. Utiliza la técnica Pomodoro para aumentar la concentración

Cuando tienes muchas tareas por hacer, mantener la concentración durante largos periodos puede ser difícil. La

técnica Pomodoro es una estrategia que te ayuda a dividir tu tiempo de estudio o trabajo en periodos cortos, con descansos programados, lo que mejora tu enfoque y reduce el agotamiento.

Cómo hacerlo:

- **Estudia o trabaja durante 25 minutos seguidos** (esto es un "pomodoro").
- **Toma un descanso de 5 minutos** al final de cada pomodoro. Durante este tiempo, aléjate de tu escritorio, estírate o haz algo que te relaje.
- Después de cuatro pomodoros, **toma un descanso más largo**, de 15 a 30 minutos.

Esta técnica no solo mejora tu concentración, sino que también te ayuda a ser más consciente del tiempo que dedicas a cada tarea. Los descansos frecuentes evitan que te sientas agotada o pierdas el enfoque, lo que te permite ser más productiva durante todo el día.

6. Deja espacio para la flexibilidad y lo inesperado

Aunque tener un horario es esencial para ser productiva, también es importante que tu horario sea flexible. La vida no siempre se ajusta a los planes, y es probable que surjan imprevistos. Dejar espacio para la flexibilidad te permitirá ajustarte a los cambios sin sentirte estresada.

Cómo hacerlo:

- **Incluye bloques de tiempo "libres"** en tu horario. Estos bloques pueden servir como un colchón para tareas que

tardan más de lo esperado o para actividades que surjan de manera inesperada.
- Si un día no puedes cumplir con todo lo que tenías planeado, no te frustres. Evalúa tus prioridades y ajusta el horario para el siguiente día. La clave es no castigarte si no todo sale perfecto.

Al dejar espacio para lo inesperado, mantienes una **mentalidad flexible** y reduces el estrés que surge cuando los planes cambian.

7. Evalúa y ajusta tu horario regularmente

Una vez que has creado tu horario, es importante que lo evalúes periódicamente para asegurarte de que esté funcionando bien para ti. Tus responsabilidades y prioridades pueden cambiar con el tiempo, por lo que es esencial hacer ajustes para mantener el equilibrio.

Cómo hacerlo:

- **Revisa tu horario al final de cada semana**. Pregúntate: ¿Funcionó bien? ¿Hubo alguna área donde no logré cumplir con mis tareas? ¿Sentí que estaba equilibrada entre el estudio, las actividades personales y el descanso?
- **Haz ajustes según sea necesario**. Si notas que siempre te falta tiempo para una actividad, reorganiza tu horario para darle más prioridad. Si te diste cuenta de que no tuviste suficiente tiempo libre, asegúrate de incluir más pausas o momentos de descanso.

Evaluar y ajustar tu horario te permitirá mejorar constantemente tu gestión del tiempo y mantener un ritmo equilibrado a largo plazo.

Cómo Evitar la Procrastinación y Ser Más Productiva

La **procrastinación** es uno de los mayores obstáculos para la productividad y el manejo efectivo del tiempo. Es la tendencia a posponer tareas importantes y reemplazarlas por actividades que requieren menos esfuerzo o que son más agradables a corto plazo. Aunque puede parecer inofensivo en un principio, procrastinar puede llevar a una acumulación de trabajo, estrés innecesario y la sensación de que no se está avanzando. Aprender a **evitar la procrastinación** es clave para lograr un mejor control sobre tu tiempo y ser más productiva en tu vida diaria.

La procrastinación a menudo surge cuando te sientes abrumada por una tarea o cuando no tienes la motivación necesaria para comenzar. Pero postergar las tareas solo prolonga la incomodidad y puede generar una sensación de culpa o ansiedad. Para ser más productiva, es importante desarrollar estrategias que te ayuden a vencer la tentación de posponer y a tomar acción de manera inmediata.

Una de las formas más efectivas de evitar la procrastinación es **dividir las tareas grandes en partes más pequeñas y manejables**. A menudo, la razón por la que procrastinamos es porque una tarea parece demasiado grande o difícil de abordar. Al dividirla en pasos más pequeños, cada parte se vuelve más fácil de enfrentar. Por ejemplo, si tienes un proyecto largo, como estudiar para un examen o escribir un ensayo, en lugar de pensar en todo lo que tienes que hacer de una vez, enfócate en una parte específica, como leer un capítulo o hacer un esquema. Completar pequeños pasos te da una sensación de progreso y te motiva a seguir adelante.

Otra técnica útil es la **regla de los cinco minutos**, que consiste en obligarte a trabajar en una tarea durante solo cinco minutos. La idea es que, aunque cinco minutos no parecen mucho, una vez que empieces, es más probable que sigas adelante. Muchas veces, el simple hecho de comenzar es lo más difícil, pero una vez que estás en marcha, te das cuenta de que la tarea no era tan intimidante como parecía. La mayoría de las veces, una vez que superas esos primeros minutos, encuentras el impulso para continuar trabajando durante más tiempo del que planeabas.

Eliminar las distracciones es otro paso clave para evitar la procrastinación. Vivimos en un mundo lleno de distracciones constantes, desde notificaciones de redes sociales hasta mensajes de texto o el deseo de revisar una página web "por solo unos minutos". Estas interrupciones, aunque parezcan inofensivas, te sacan de tu flujo de trabajo y hacen que sea más difícil concentrarte en lo que realmente importa. Para ser más productiva, crea un entorno de trabajo que minimice las distracciones. Esto podría significar apagar las notificaciones del teléfono, trabajar en un lugar tranquilo o usar aplicaciones que bloqueen sitios web que te distraen mientras trabajas.

La **gestión del tiempo con la técnica Pomodoro** también es una excelente manera de evitar la procrastinación. Como lo aprendimos anteriormente, este método divide tu tiempo en bloques de 25 minutos de trabajo, seguidos de un breve descanso. Al saber que solo tienes que concentrarte durante un corto período de tiempo, es más fácil evitar la tentación de posponer las tareas. Además, los descansos regulares te ayudan a mantener la frescura mental y a evitar el agotamiento. La clave aquí es comprometerte a trabajar durante esos 25 minutos sin interrupciones. A medida que completas más "pomodoros", verás cómo tus tareas se van realizando sin sentir la presión de tener que trabajar durante largas horas sin parar.

También es útil **cambiar tu mentalidad sobre las tareas que evitas**. Muchas veces procrastinamos porque vemos una tarea como abrumadora o aburrida. Cambiar tu perspectiva puede ayudarte a enfrentarla de manera más positiva. En lugar de pensar en lo difícil o tediosa que será la tarea, concéntrate en cómo te sentirás una vez que la hayas completado. Imagina la satisfacción de haber terminado tu trabajo y el alivio de no tenerlo pendiente. Esta visualización puede darte la motivación que necesitas para comenzar. Además, trata de buscar formas de hacer la tarea más atractiva. Por ejemplo, si debes estudiar, hazlo más interactivo usando tarjetas didácticas o aplicaciones educativas, o si debes escribir un informe, establece una recompensa pequeña para cuando lo termines.

Romper el ciclo de la procrastinación también requiere que entiendas las emociones que la provocan. A veces, procrastinamos porque sentimos miedo de fracasar o de no hacerlo perfecto. En lugar de paralizarte por el miedo al fracaso, acepta que no tienes que ser perfecta en todo. Lo importante es empezar y mejorar a medida que avanzas. La perfección no debería ser la meta, sino el progreso. Cuanto más te permitas cometer errores y aprender de ellos, menos te sentirás bloqueada por el miedo y más fácil será comenzar cualquier tarea. Al adoptar una **mentalidad de crecimiento**, verás los desafíos como oportunidades para aprender en lugar de obstáculos que debes evitar.

Además, es importante **no sobrecargarte de tareas**. A veces, la procrastinación ocurre porque tienes demasiadas cosas en tu lista de pendientes y no sabes por dónde empezar. En lugar de intentar hacer todo a la vez, enfócate en **una o dos tareas clave cada día**. Al reducir el enfoque a las tareas más importantes, te aseguras de hacer avances significativos sin sentirte abrumada. Un buen método para esto, como ya lo hemos aprendido, es aplicar la matriz de Eisenhower.

Finalmente, es fundamental **ser amable contigo misma** cuando te encuentras procrastinando. La procrastinación no es un signo de pereza, sino a menudo una señal de que algo más está sucediendo, como la falta de claridad, el miedo al fracaso o el agotamiento. En lugar de castigarte por procrastinar, reflexiona sobre la causa subyacente y busca soluciones para abordarla. Reconocer que la procrastinación es un hábito que puedes cambiar con tiempo y práctica te ayudará a enfrentarlo con una mentalidad más positiva y efectiva.

Aplicaciones y Herramientas Útiles para Organizar tu Vida

En la era digital, aprovechar el tiempo al máximo no solo depende de la planificación, sino también de usar las herramientas correctas para mantenerte organizada y enfocada. Existen **aplicaciones y herramientas digitales** que pueden ayudarte a gestionar mejor tus tareas, priorizar responsabilidades, programar tus actividades y reducir la sensación de agobio. Estas herramientas están diseñadas para hacer que la planificación de tu día sea más simple y eficiente, dándote más control sobre tu tiempo y energía.

Aquí te presento algunas de las aplicaciones más útiles que te ayudarán a organizar tu vida, mejorar tu productividad y asegurarte de que aproveches cada minuto de manera inteligente.

1. Todoist: Organiza tus tareas y prioridades

Todoist es una de las aplicaciones más populares para gestionar tareas. Puedes crear listas de tareas, asignarles fechas de vencimiento y establecer prioridades para asegurarte de que siempre sepas qué hacer a continuación. Además, puedes organizar tus tareas en proyectos o etiquetas, lo que te ayuda a clasificar las tareas por temas, como "Escuela", "Actividades personales" o "Tareas del hogar". Todoist también permite programar recordatorios para que no olvides ninguna fecha importante.

Una de las ventajas de Todoist es que puedes crear subtareas, lo que facilita desglosar una tarea grande en pasos más pequeños y manejables. Si tienes un proyecto escolar importante, puedes dividirlo en tareas más pequeñas, como "investigar", "escribir el borrador" y "editar". Esto te ayuda a sentir que estás avanzando, incluso cuando la tarea completa aún no está terminada. Además, Todoist está disponible tanto en dispositivos móviles como en tu computadora, por lo que puedes sincronizar tu lista de tareas y acceder a ella en cualquier momento.

2. Google Calendar: Planifica y visualiza tu semana

El **Google Calendar** es una de las herramientas más eficientes para la gestión del tiempo. Te permite no solo programar tus actividades, sino también visualizar tu semana de manera clara, lo que es clave para no sobrecargarte de tareas. Con Google Calendar puedes crear eventos y asignarles colores para diferenciar áreas como estudios, actividades personales o deportes, lo que te ayuda a mantener el equilibrio.

Una de las características más útiles es que puedes establecer recordatorios para cada evento y recibir notificaciones antes de que ocurra. También puedes agregar tareas recurrentes, como "Estudiar matemáticas" todos los lunes a las 5:00 p.m., y Google Calendar las recordará automáticamente cada semana. Además, puedes compartir tu calendario con amigos o familiares si trabajas en proyectos conjuntos o si necesitas coordinar horarios con otras personas. Esta funcionalidad colaborativa es ideal para organizar actividades grupales o proyectos escolares en equipo.

Otra ventaja es la opción de integrar Google Calendar con otras aplicaciones que usas a diario, como Todoist o Gmail. Esto te permite centralizar toda tu planificación en un solo lugar y tener una visión general de tu semana de manera organizada.

3. Notion: Un todo en uno para organización y productividad

Notion es una herramienta increíblemente versátil que puede funcionar como una agenda digital, un planificador de tareas y un espacio para tomar notas, todo en uno. Si te gusta personalizar tu entorno de trabajo, Notion es ideal porque te permite crear tableros personalizados para tus necesidades específicas. Puedes organizar tus actividades en listas de tareas, usar tablas, crear calendarios y más, todo en la misma plataforma.

Una de las ventajas más destacadas de Notion es que puedes crear bases de datos personalizadas para llevar el control de tus proyectos. Por ejemplo, si estás trabajando en varios proyectos escolares, puedes tener una base de datos donde registras el progreso de cada proyecto, incluyendo las fechas límite, los recursos que necesitas y los pasos por completar. También puedes vincular tus notas de investigación a las tareas relacionadas, manteniendo todo en un solo lugar.

Notion es particularmente útil para quienes manejan muchas áreas de su vida (escuela, actividades extracurriculares, proyectos personales) y quieren tenerlo todo organizado en una plataforma única. Además, puedes acceder a tus tableros desde cualquier dispositivo, ya sea tu computadora o tu teléfono móvil, lo que facilita llevar el control de tus actividades en todo momento.

4. Forest: Mantén la concentración y evita distracciones

Si tu mayor desafío es evitar distracciones mientras trabajas o estudias, **Forest** es una aplicación que puede ayudarte a mantener el enfoque de una manera divertida. Forest te ayuda a evitar el uso excesivo del teléfono mediante un enfoque simple: cuando necesitas concentrarte, plantas un árbol virtual. Si logras no usar tu teléfono durante el tiempo que configuraste para estudiar, el árbol crecerá. Si abandonas la tarea y sales de la aplicación, el árbol se marchita. Esta sencilla dinámica de juego te incentiva a permanecer concentrada y productiva.

Forest es ideal para quienes tienden a procrastinar con el uso del teléfono o las redes sociales. Además, puedes fijar metas de concentración diaria y llevar un registro de cuántos árboles has plantado, lo que te motiva a mejorar cada día. La app también te permite establecer "listas blancas" de aplicaciones que puedes usar sin matar tu árbol, como calculadoras o aplicaciones de notas que podrías necesitar para estudiar.

5. Trello: Gestiona proyectos y tareas visualmente

Trello es una aplicación basada en **tableros visuales** que te permite organizar tus proyectos y tareas de una manera más gráfica. Es perfecta si prefieres ver tus actividades en un formato de "listas" o "tableros". Trello te permite crear diferentes listas para cada área de tu vida, como "Pendiente", "En proceso" y "Completado", lo que te facilita seguir el progreso de tus tareas de manera visual.

Por ejemplo, si estás organizando un proyecto escolar, puedes crear un tablero en Trello con listas para cada fase del proyecto: investigación, redacción, edición, etc. Puedes mover cada tarea de una lista a otra a medida que las completes, lo que te da una sensación de progreso constante. Además, puedes agregar plazos, archivos adjuntos y descripciones detalladas para cada tarea, manteniendo todo organizado y accesible en un solo lugar.

Trello también permite la colaboración en equipo, por lo que es ideal si trabajas en proyectos con otras personas. Puedes compartir tableros con tus compañeros de clase y asignar tareas a diferentes miembros del equipo, lo que facilita la coordinación y el seguimiento del trabajo en grupo.

6. Microsoft OneNote: Toma de notas y organización de ideas

Microsoft OneNote es una aplicación ideal para la toma de notas y la organización de tus ideas. Es como un cuaderno digital que te permite crear diferentes secciones para cada tema o proyecto en el que estés trabajando. Si eres alguien que toma muchas notas durante clases o que necesita un espacio donde organizar todas tus ideas en un solo lugar, OneNote es la herramienta perfecta.

Lo que diferencia a OneNote de otras aplicaciones de notas es su capacidad para organizar visualmente tus notas, usando diferentes secciones y páginas, como si estuvieras usando un cuaderno físico. También puedes agregar imágenes, enlaces, grabaciones de audio y videos directamente en tus notas, lo que lo convierte en una plataforma completa para guardar todos tus recursos en un solo lugar.

Además, OneNote se sincroniza automáticamente con todos tus dispositivos, lo que significa que puedes empezar a tomar notas en tu computadora y luego continuar desde tu teléfono móvil o tableta. Esto es especialmente útil si estás en movimiento y necesitas acceder a tus apuntes en cualquier momento.

Tareas del hogar: Convirtiéndote en una chica independiente

Tareas Básicas del Hogar que Toda Chica Debe Saber

Aprender a realizar tareas básicas del hogar es un paso importante hacia la independencia. Saber cómo manejar las tareas del día a día en casa no solo te ayudará a sentirte más segura de ti misma, sino que también te permitirá tomar el control de tu espacio y contribuir a tu entorno familiar. Las habilidades domésticas son esenciales no solo para mantener tu hogar limpio y organizado, sino también para desarrollarte como una persona responsable y autosuficiente. Dominar estas habilidades básicas te prepara para cuando tengas que vivir sola o con compañeros, asegurando que puedas manejarte con confianza en cualquier entorno.

Estas son algunas de las tareas esenciales del hogar que toda chica debe conocer para ser más independiente.

1. Limpiar y organizar tu espacio

Mantener tu espacio limpio y organizado es uno de los pilares fundamentales para llevar una vida más estructurada y agradable. Saber cómo limpiar y organizar te ayuda no solo a mantener tu entorno ordenado, sino también a sentirte más cómoda y tranquila en tu propio espacio. Vivir en un entorno limpio y organizado también puede aumentar tu concentración y reducir el estrés.

Para empezar, es importante que aprendas a mantener una rutina de limpieza regular. Esto incluye tareas simples como hacer la cama todos los días, mantener los objetos en su lugar y limpiar las superficies de tu habitación. Dedicar unos minutos al día para mantener tu espacio limpio evita que el desorden se acumule, lo que puede hacer que una tarea pequeña se convierta en algo abrumador.

Saber cómo limpiar diferentes áreas de la casa también es esencial. Esto incluye barrer o aspirar el suelo, limpiar los baños, y asegurarte de que las superficies de la cocina estén desinfectadas después de cocinar. Tener una rutina básica de limpieza te ayudará a mantener tu hogar organizado y acogedor. Además, aprender cómo usar los productos de limpieza correctamente es fundamental para cuidar bien tu espacio sin dañar los muebles o superficies.

2. Cocinar platos sencillos y saludables

Aprender a cocinar es una habilidad básica que toda chica debe dominar para ser más independiente. No se trata de convertirte en una chef experta de la noche a la mañana, sino de aprender a preparar platos sencillos y saludables que te proporcionen la energía y los nutrientes que necesitas para tu día a día. Cocinar también te permite tener control sobre lo que comes, lo cual es clave para llevar una vida saludable.

Comienza por aprender recetas básicas, como hervir arroz o pasta, hacer una ensalada simple, y cocinar proteínas como pollo o huevos. Estos son platos que puedes preparar rápidamente y que son la base de muchas comidas nutritivas. También es importante que te familiarices con el uso de los utensilios de cocina y las medidas básicas para seguir las recetas. Cocinar en casa te ayuda a ahorrar dinero y, a largo plazo, es mucho más saludable que depender de la comida rápida o ultraprocesada.

Además de saber cocinar, es útil que aprendas a hacer una lista de compras y planificar tus comidas para la semana. Esto te permite tener los ingredientes adecuados a mano y evitar el desperdicio de alimentos. Comprar y cocinar con un plan también te ahorra tiempo y estrés durante la semana.

3. Lavandería

Saber cómo lavar tu ropa es otra habilidad básica que toda chica independiente debe conocer. Si bien parece una tarea simple, puede ser confusa si no estás familiarizada con el proceso o si no sabes cómo manejar diferentes tipos de telas y manchas. Aprender a hacer la colada correctamente te ayudará a cuidar mejor de tu ropa, haciendo que dure más tiempo y se mantenga en buen estado.

Empieza por separar la ropa en colores oscuros y claros para evitar que las prendas se destiñan entre sí. También es útil revisar las etiquetas de las prendas para saber si necesitan un lavado especial, como en agua fría o caliente. Si tienes prendas delicadas, como ropa interior o de materiales sensibles, es mejor lavarlas a mano o en el ciclo delicado de la lavadora. Asegúrate de conocer las diferentes opciones de tu lavadora y secadora para utilizar los ciclos correctos según el tipo de ropa.

Otro aspecto importante es saber cómo eliminar manchas de la ropa, ya sea de comida, maquillaje o cualquier otra sustancia. Tener a mano productos como quitamanchas o detergentes especiales te ayudará a enfrentar estos problemas sin estropear la prenda.

4. Gestionar y ordenar tu presupuesto para el hogar

Una parte fundamental de ser independiente es aprender a gestionar tu propio dinero y ser consciente de tus gastos en casa. Aunque puede que no estés a cargo del presupuesto familiar en este momento, es importante que comiences a adquirir habilidades básicas de gestión financiera para poder aplicar cuando vivas sola o tengas que hacerte cargo de tus propios gastos.

Puedes empezar por aprender a hacer un presupuesto sencillo. Esto significa anotar cuánto dinero tienes disponible y luego asignarlo a las diferentes categorías de gastos, como comida, transporte, entretenimiento y ahorros. Aprender a priorizar los gastos necesarios sobre los gastos opcionales es clave para evitar problemas financieros en el futuro.

Otra habilidad importante es comparar precios y buscar ofertas cuando compres alimentos o artículos para el hogar. Esto te ayudará a administrar tu dinero de manera más eficiente, además de enseñarte a valorar lo que consumes. Si comienzas a desarrollar una mentalidad consciente sobre los gastos, te será más fácil adaptarte cuando tengas que manejar un presupuesto más grande en el futuro. Si quieres aprender y profundizar sobre las claves para gestionar de forma correcta tu dinero, revisa mi libro: "Libertad financiera para adolescentes".

5. Planchar y cuidar la ropa

Además de lavar tu ropa, también es importante que sepas cómo planchar y cuidar tus prendas para que siempre luzcan bien y duren más tiempo. Saber planchar correctamente puede hacer una gran diferencia en cómo se ven tus camisas, blusas o vestidos, especialmente cuando asistes a eventos importantes o entrevistas.

Asegúrate de conocer la temperatura correcta para planchar diferentes tipos de tela. El algodón, por ejemplo, puede soportar una temperatura alta, mientras que las telas delicadas como la seda necesitan un ajuste mucho más bajo. También es útil aprender a colgar y doblar la ropa correctamente para evitar que se arrugue innecesariamente, lo que te ahorrará tiempo de planchado en el futuro.

Cuidar tu ropa también incluye aprender a guardar las prendas adecuadamente. Algunas piezas delicadas o que son más propensas a estirarse, como los suéteres, deben doblarse en lugar de colgarse para que no se deformen. El almacenamiento adecuado de la ropa garantiza que se mantenga en buen estado por más tiempo.

6. Mantener la cocina limpia y segura

Otra tarea esencial del hogar es mantener la cocina limpia y segura. La cocina es una de las áreas más utilizadas del hogar, y también una de las que más se ensucian, por lo que es fundamental aprender a limpiarla correctamente y a mantenerla organizada. Además, la seguridad en la cocina es clave, ya que trabajar con cuchillos afilados y electrodomésticos puede ser peligroso si no tienes cuidado.

Después de cocinar, es importante que limpies las superficies, laves los platos y guardes los alimentos de manera adecuada. Mantener la cocina ordenada no solo hace que cocinar sea más agradable, sino que también previene la propagación de bacterias y otros problemas de higiene. Aprender a usar los electrodomésticos de manera segura, como el horno o la licuadora, también es crucial para evitar accidentes.

Saber cómo manejar los residuos en la cocina es otra habilidad importante. Separar los desechos reciclables de los no reciclables y mantener una rutina para sacar la basura con regularidad te ayudará a mantener tu hogar limpio y a contribuir al cuidado del medio ambiente.

Cómo Organizar y Mantener tu Espacio Limpio

Tener un espacio limpio y organizado es más que una cuestión de estética. Un entorno ordenado te permite ser más productiva, reduce el estrés y mejora tu bienestar mental. Cuando tu habitación o tu espacio de estudio están en orden, es más fácil concentrarte y encontrar lo que necesitas sin perder tiempo. Mantener tu espacio limpio no tiene que ser una tarea abrumadora si adoptas una rutina regular y hábitos sencillos que te ayudarán a organizarte de manera efectiva. Los consejos que te presento a continuación, te ayudarán a organizar y mantener tu espacio limpio de manera práctica y sostenida, sin sentirte agobiada por el desorden.

1. Establece una rutina diaria de organización

La clave para mantener un espacio ordenado es crear una rutina diaria que te permita evitar que el desorden se acumule. No se trata de dedicar horas todos los días a limpiar, sino de realizar pequeñas tareas que, con el tiempo, hacen una gran diferencia. Hacer la cama por la mañana, organizar tu escritorio antes de empezar a estudiar o asegurarte de que la ropa sucia está en el cesto son pequeños gestos que pueden mantener tu espacio organizado y agradable.

Cuando dejas que el desorden se acumule, las tareas pequeñas se vuelven más grandes y abrumadoras, lo que puede llevarte a procrastinar. Sin embargo, si dedicas unos pocos minutos cada día a mantener el orden, te darás cuenta de que tu espacio se mantiene más limpio con mucho menos esfuerzo. Una buena práctica es dedicar cinco o diez minutos al final del día para recoger lo que esté fuera de lugar, guardar la ropa que hayas usado y organizar cualquier cosa que hayas dejado fuera durante el día. Este hábito no solo mantendrá tu espacio limpio, sino que también te dará una sensación de logro antes de irte a dormir.

2. Divide y organiza por zonas

Otra estrategia eficaz para organizar y mantener tu espacio limpio es dividirlo en zonas. Cada área de tu habitación o espacio de trabajo debe tener una función específica y estar organizada de acuerdo a su propósito. Esto te ayuda a mantener el orden y a saber exactamente dónde deben ir las cosas, evitando que se acumulen objetos fuera de lugar.

Por ejemplo, en tu habitación, puedes tener una zona designada para el descanso (tu cama), otra para el estudio (tu escritorio), y otra para la ropa (el armario o la cómoda). Cada una de estas áreas debe mantenerse organizada para cumplir su función. Evita mezclar objetos de diferentes zonas. Si dejas libros o material de estudio en la cama, o ropa sobre el escritorio, crearás un entorno desordenado que te hará sentir menos productiva y más agobiada.

Para que esta estrategia sea efectiva, asegúrate de que cada cosa tenga su lugar asignado. Si tus libros tienen un espacio en una estantería, siempre sabrás dónde ponerlos y dónde encontrarlos. Lo mismo aplica para la ropa, los accesorios o cualquier otro objeto personal. Tener un lugar fijo para cada cosa evitará que el desorden se acumule, y te facilitará mantener el espacio organizado.

3. Deshazte del desorden y organiza de manera minimalista

El desorden no solo hace que tu espacio se vea desorganizado, sino que también puede hacer que te sientas abrumada o estresada sin darte cuenta. A veces, acumulamos objetos que ya no necesitamos o que no tienen un propósito claro en nuestro día a día. Deshacerte del desorden es un paso esencial para mantener tu espacio limpio y organizado.

Una buena práctica es hacer una revisión periódica de tus pertenencias para eliminar lo que ya no usas o lo que no tiene un valor práctico. Esto incluye ropa, papeles viejos, accesorios que ya no necesitas o cualquier objeto que esté ocupando espacio innecesariamente. Adoptar un enfoque minimalista te ayudará a reducir la cantidad de cosas que debes mantener en orden, lo que hará que sea más fácil limpiar y organizar tu espacio regularmente.

Para empezar, puedes crear tres categorías: guardar, donar o desechar. Evalúa cada objeto y decide en qué categoría debe ir. Los objetos que usas y que te gustan se quedan; los que ya no necesitas pero están en buen estado, pueden ser donados; y los que están rotos o en mal estado deben ser eliminados. Esto no solo liberará espacio físico en tu entorno, sino que también te dará una sensación de frescura y claridad mental.

4. Mantén tu escritorio organizado y libre de distracciones

Si pasas mucho tiempo estudiando o trabajando en tu habitación, es esencial que tu escritorio esté limpio y organizado. Un escritorio desordenado puede dificultar la concentración y hacer que pierdas tiempo buscando lo que necesitas. Mantener un entorno de trabajo despejado es clave para mejorar tu productividad y reducir el estrés que viene de estar rodeada de desorden.

Para mantener tu escritorio organizado, asegúrate de solo tener a la vista lo que necesitas para la tarea que estás haciendo en ese momento. Guarda los objetos que no estén relacionados con tu trabajo actual en cajones o estanterías. Mantén herramientas básicas como bolígrafos, cuadernos y una lámpara de estudio al alcance, pero evita que el escritorio se llene de cosas innecesarias.

Si tienes materiales de estudio o papeles que necesitas conservar, utiliza carpetas o archivadores para mantenerlos organizados y accesibles. Además, asegúrate de que el cableado de tus dispositivos electrónicos, como el ordenador o el cargador del móvil, esté bien organizado para evitar enredos o que interfieran en tu espacio de trabajo. Un entorno de estudio limpio y despejado te ayudará a concentrarte mejor y ser más eficiente en tus tareas diarias.

5. Limpia las superficies regularmente

Mantener las superficies limpias es fundamental para evitar que el polvo y la suciedad se acumulen. Esto incluye no solo los muebles, como la mesa o los estantes, sino también los electrodomésticos que utilizas con frecuencia. Limpiar las superficies regularmente es una tarea sencilla que hace una gran diferencia en la sensación de limpieza y orden de tu espacio.

Dedica unos minutos cada semana a pasar un paño limpio por las superficies para eliminar el polvo. Si tienes una rutina diaria de organización, esto será aún más fácil, ya que no tendrás que mover montones de objetos fuera de lugar. En la cocina, asegúrate de limpiar las superficies después de cocinar para mantenerlas libres de restos de comida o grasa.

Además, no olvides mantener limpias las superficies de alto contacto, como el interruptor de la luz, los pomos de las puertas o el teclado del ordenador, ya que estas áreas tienden a acumular más suciedad de lo que parece a simple vista. Mantener las superficies limpias no solo mejora la apariencia de tu espacio, sino que también contribuye a un ambiente más saludable.

6. Establece un día de limpieza profunda

Aunque mantener una rutina diaria de organización es esencial, también es importante programar un día para la limpieza profunda. Esto te permite abordar las tareas que no haces todos los días, como limpiar ventanas, aspirar debajo de los muebles o lavar las cortinas. Escoger un día específico para la limpieza profunda te ayuda a mantener un espacio más saludable y ordenado a largo plazo.

Durante la limpieza profunda, revisa los rincones que no siempre recibes atención en la limpieza diaria. Aspira las alfombras o barre los rincones que tienden a acumular polvo. Si tienes cortinas o ropa de cama que no lavas con frecuencia, este es un buen momento para hacerlo. También puedes usar este día para reorganizar áreas que puedan haberse desordenado con el tiempo, como el armario o los cajones del escritorio.

El objetivo de la limpieza profunda es renovar y refrescar tu espacio, asegurándote de que todo está en orden y limpio en las áreas más difíciles de alcanzar o que no requieren atención diaria. Una vez que establezcas este hábito mensual o quincenal, te darás cuenta de que es más fácil mantener el orden y la limpieza en tu día a día.

Dividiendo Responsabilidades en Casa sin Abrumarte

A medida que te vuelves más independiente, asumir ciertas responsabilidades en casa es un paso importante para crecer como persona. Ya sea que vivas con tus padres, compañeros de cuarto o sola, aprender a dividir y gestionar las responsabilidades del hogar es fundamental para mantener un entorno limpio, funcional y armonioso. Sin embargo, cuando se trata de tareas domésticas, es fácil sentirse abrumada por la cantidad de cosas que hay que hacer, especialmente si tienes otras responsabilidades como la escuela, el trabajo o actividades extracurriculares.

La clave para manejar las responsabilidades en casa sin abrumarte es organizarte de manera efectiva, compartir las tareas si vives con otras personas y mantener una rutina que sea manejable para ti. La clave está en descomponer tus quehaceres, y aquí aprenderás cómo dividir las responsabilidades del hogar de manera que te sientas más en control y menos estresada, logrando un equilibrio saludable entre tus obligaciones personales y las tareas domésticas.

1. Planifica y prioriza tus responsabilidades

Antes de asumir cualquier responsabilidad en el hogar, es importante que te tomes un momento para planificar y priorizar las tareas que necesitas hacer. Tener una idea clara de lo que hay que hacer y cuándo te ayudará a mantenerte organizada y evitará que te sientas abrumada por todas las cosas pendientes. La planificación te permite distribuir las tareas a lo largo de la semana en lugar de dejar todo para un solo día.

Comienza haciendo una lista de las responsabilidades que necesitas cubrir en el hogar, como limpiar, lavar la ropa, cocinar o cuidar de las mascotas. Una vez que tengas la lista, prioriza las tareas en función de su importancia y frecuencia. Algunas responsabilidades, como hacer la cama o lavar los platos, necesitan realizarse diariamente, mientras que otras, como lavar las ventanas o cambiar las sábanas, pueden hacerse semanalmente o quincenalmente.

Establecer una rutina semanal en la que cada día te encargues de una o dos tareas específicas puede ser muy útil. Por ejemplo, puedes lavar la ropa los lunes, hacer la compra los miércoles y limpiar el baño los sábados. Dividir las responsabilidades a lo largo de la semana evita que se acumulen y te permite gestionarlas sin sentirte abrumada.

2. Establece un sistema de rotación si compartes el hogar

Si vives con otras personas, como tu familia o compañeros de cuarto, es importante establecer un sistema de rotación para dividir las responsabilidades del hogar de manera equitativa. De esta forma, todas las personas que viven en la casa contribuyen al mantenimiento del hogar sin que una sola persona se vea sobrecargada.

El primer paso para establecer un sistema de rotación es comunicarte claramente con quienes compartes el hogar. Si todos entienden que las tareas del hogar son una responsabilidad compartida, será más fácil coordinarse y mantener el equilibrio. En una reunión rápida, pueden hacer una lista de todas las tareas que deben hacerse semanalmente y asignar responsabilidades a cada persona. También es una buena idea rotar las tareas cada semana para que todos se encarguen de diferentes áreas y no se aburran haciendo siempre lo mismo.

Por ejemplo, si tienes tres compañeros de cuarto, pueden dividir las tareas en tres áreas principales, como la cocina, el baño y la sala de estar. Cada persona se encarga de un área diferente cada semana, y al final de la semana rotan las responsabilidades. Esto mantiene las tareas distribuidas de manera justa y evita conflictos sobre quién está haciendo más trabajo.

Si notas que alguna persona no está cumpliendo con su parte, es importante hablarlo con respeto y buscar una solución juntos. La clave para que este sistema funcione es la comunicación abierta y el compromiso de cada uno para cumplir con su parte del trabajo.

3. Usa herramientas y calendarios para organizarte

Una de las formas más efectivas de dividir y gestionar las responsabilidades del hogar es usando herramientas de organización como calendarios o listas de tareas. Tener un plan visual te ayudará a ver qué tareas están pendientes, quién se encarga de ellas y cuándo deben hacerse. Esto no solo facilita la gestión de las responsabilidades, sino que también reduce el estrés de tener que recordar todo mentalmente.

Puedes usar un calendario físico en un lugar visible de la casa, como la cocina, donde todos puedan verlo. Anota las tareas del hogar y quién es responsable de cada una, además de la fecha en la que debe completarse. Si prefieres algo más digital, hay aplicaciones como Todoist, Google Calendar o Trello que te permiten crear listas de tareas y compartirlas con otras personas. Estas aplicaciones también pueden enviarte recordatorios para asegurarte de que no olvides nada.

Establecer un sistema de recordatorios o alertas es particularmente útil si tienes una agenda ocupada con la escuela o el trabajo. Saber exactamente qué tarea debes hacer y cuándo te permite organizar mejor tu tiempo y evitar la procrastinación.

4. Sé realista con tus expectativas

Es fácil caer en la trampa de querer que todo esté perfecto todo el tiempo, pero es importante ser realista con tus expectativas. El objetivo de dividir las responsabilidades del hogar no es que todo esté impecable en todo momento, sino que cada área se mantenga funcional y limpia de manera consistente. No te sientas frustrada si no puedes cumplir con todas las tareas a la perfección, especialmente si tienes muchas otras responsabilidades en tu vida.

Una forma de ser más realista con tus expectativas es delegar tareas cuando sea necesario. Si notas que estás demasiado ocupada con la escuela o el trabajo, no tengas miedo de pedir ayuda a las personas con las que vives. Compartir las responsabilidades es parte del trabajo en equipo, y todos deben estar dispuestos a apoyarse mutuamente cuando alguien se siente abrumado.

También es importante entender que no todos los días serán perfectos. Si un día no puedes cumplir con una tarea del hogar porque estuviste ocupada con otras prioridades, no te castigues por ello. La clave es mantener una consistencia a lo largo del tiempo, no la perfección diaria. Si mantienes una rutina regular de limpieza y organización, las tareas del hogar se mantendrán bajo control incluso si un día necesitas tomar un descanso.

5. Toma descansos y cuida de ti misma

Si bien es importante cumplir con tus responsabilidades en casa, también es esencial que cuides de ti misma y tomes descansos cuando lo necesites. Hacer las tareas del hogar no debe convertirse en algo abrumador que te cause estrés o agotamiento. Si alguna vez te sientes sobrecargada, tómate un momento para descansar y recargar energías.

Aprender a gestionar bien el tiempo entre las tareas del hogar y otras responsabilidades te permitirá encontrar un mejor equilibrio en tu vida diaria. Por ejemplo, si sabes que tienes una tarea larga o tediosa por hacer, como limpiar toda la cocina, puedes dividirla en bloques de tiempo. Dedica 20 minutos a limpiar y luego tómate un descanso de 5 minutos antes de continuar. Este enfoque de "tiempo fraccionado" evita que te sientas abrumada y te permite mantener la energía durante toda la tarea.

También es útil premiarte por completar las tareas del hogar. Si terminas todas tus responsabilidades de limpieza en el tiempo planificado, date un gusto, como ver tu programa favorito o disfrutar de un paseo. Combinar el trabajo con pequeñas recompensas te ayuda a mantener una actitud positiva hacia las responsabilidades del hogar.

6. Mantén una mentalidad flexible

Finalmente, es importante mantener una mentalidad flexible cuando se trata de las responsabilidades del hogar. Las circunstancias pueden cambiar, y es posible que algunos días tengas más tiempo para las tareas del hogar que otros. Aceptar esta flexibilidad y adaptarte a las situaciones te ayudará a evitar el estrés innecesario.

Por ejemplo, si tienes un examen importante o una semana muy ocupada, es posible que necesites ajustar tu rutina de limpieza o pedir a alguien que te cubra. Del mismo modo, si vives con otras personas, es importante ser flexible y comprensiva si ellos también tienen momentos en los que no pueden cumplir con sus tareas como de costumbre.

El objetivo es mantener el hogar en buen estado sin sentir que todo recae sobre tus hombros. Si todos en la casa comparten las responsabilidades de manera equitativa y se apoyan mutuamente, será mucho más fácil mantener un espacio limpio y funcional sin que nadie se sienta abrumado.

Capítulo 4: Cuidando tu Futuro y tu Entorno

"La preparación es la clave para el éxito."
– *Alexander Graham Bell*

Ahorro e independencia financiera

Consejos para Comenzar a Ahorrar desde Joven

Empezar a ahorrar desde joven es una de las mejores decisiones que puedes tomar para asegurar tu bienestar financiero en el futuro. Aunque a esta edad pueda parecer que el dinero no es una gran preocupación, desarrollar hábitos de ahorro ahora te ayudará a gestionar mejor tus finanzas cuando seas más independiente. Además, ahorrar te permite tener más control sobre tu vida, darte la libertad de hacer compras importantes y alcanzar metas a largo plazo sin tener que depender de otros o de endeudarte.

Ahorro no significa dejar de disfrutar de las cosas que te gustan, sino aprender a manejar tu dinero de manera inteligente para poder hacer lo que realmente importa. Aquí te comparto algunos consejos prácticos para empezar a ahorrar de forma sencilla y eficiente.

1. Establece metas de ahorro claras

El primer paso para empezar a ahorrar es definir metas que te ayuden a mantenerte motivada. Tener un propósito claro para el dinero que vas a ahorrar te da una razón concreta para ser constante y evitar gastar de más en cosas innecesarias. Tus metas de ahorro pueden ser de corto plazo, como comprar algo que quieras, o de largo plazo, como un fondo de emergencia o ahorro para un viaje.

Para empezar, pregúntate qué cosas son importantes para ti. Tal vez quieras ahorrar para comprar un teléfono nuevo, para tus estudios o para tus primeras vacaciones con amigos. Una vez que tengas claro el objetivo, determina cuánto dinero necesitas y establece una fecha para alcanzarlo. Por ejemplo, si quieres ahorrar $300 en seis meses, calcula cuánto debes apartar cada mes para alcanzar esa meta (en este caso, serían $50 al mes).

Tener una meta concreta no solo te da claridad sobre por qué estás ahorrando, sino que también te permite dividir el objetivo en pequeños pasos manejables. Al ver tu progreso poco a poco, te sentirás más motivada para seguir adelante.

2. Crea un presupuesto personal

Un presupuesto es una herramienta esencial para cualquier persona que quiera aprender a ahorrar de manera efectiva. Un presupuesto te permite visualizar exactamente cuánto dinero tienes, cuánto gastas y cuánto puedes ahorrar cada mes. Tener un control claro de tus ingresos y gastos es el primer paso para evitar gastar de más y asegurarte de que siempre apartas una parte para tus ahorros.

Comienza por hacer una lista de tus ingresos y gastos. Si tienes un trabajo de medio tiempo, asignación de tus padres o algún tipo de ingreso fijo, anótalo como tu ingreso mensual. Luego, haz una lista de tus gastos fijos, como el transporte, la comida, las actividades extracurriculares o cualquier otra cosa que pagues regularmente. Esto te dará una idea clara de cuánto dinero necesitas para cubrir tus gastos esenciales.

Después de calcular tus ingresos y gastos, determina cuánto puedes ahorrar. No importa si al principio solo puedes ahorrar una pequeña cantidad; lo importante es que comiences el hábito. Puedes establecer un porcentaje, como el 10% de tus ingresos, que siempre apartarás para tus ahorros. Con el tiempo, a medida que tus ingresos aumenten o tus gastos cambien, podrás ajustar esta cantidad.

El objetivo de un presupuesto es que siempre tengas el control de tu dinero, evitando gastar en cosas innecesarias y asegurando que te mantienes dentro de tus posibilidades. Existen aplicaciones, como Mint o PocketGuard, que pueden ayudarte a llevar un control digital de tus ingresos, gastos y ahorros de manera automática.

3. Evita las compras impulsivas

Uno de los mayores enemigos del ahorro es la compra impulsiva. A veces, puedes ver algo que te gusta y sentir la necesidad inmediata de comprarlo sin pensarlo dos veces, pero estas decisiones impulsivas pueden desbalancear tu presupuesto y reducir la cantidad de dinero que puedes apartar para tus metas. Aprender a controlar los impulsos de compra es clave para mantener tu ahorro en marcha.

Cuando veas algo que te guste, en lugar de comprarlo en el momento, aplica la regla de las 24 horas: espera al menos un día antes de tomar una decisión de compra. En ese tiempo, reflexiona si realmente necesitas ese artículo o si solo es un deseo momentáneo. Muchas veces, después de unas horas, te das cuenta de que no lo necesitas tanto como pensabas.

Otra estrategia es crear una lista de deseos. En lugar de gastar inmediatamente, anota las cosas que te gustaría comprar y, después de un tiempo, revisa la lista. Si después de varias semanas o meses todavía quieres ese artículo y está dentro de tu presupuesto, puedes considerarlo. De esta manera, aprendes a priorizar tus compras y a evitar gastar en cosas que solo te gustan en un momento.

4. Ahorra una parte de tus ingresos fijos y extras

Siempre que recibas algún tipo de ingreso, ya sea de un trabajo, un regalo o un dinero inesperado, acostúmbrate a guardar una parte de inmediato en tus ahorros. Esto te asegura que siempre estás aumentando tu fondo de ahorros sin tener que pensar en ello demasiado. Puedes hacerlo tan sencillo como apartar el 10% o el 20% de cualquier ingreso extra y guardarlo en una cuenta de ahorros o un lugar donde no lo utilices fácilmente.

Este hábito de apartar dinero inmediatamente después de recibirlo te ayuda a crear un fondo de ahorros estable. Incluso si solo es una pequeña cantidad cada vez, a largo plazo se acumulará y te sorprenderá ver cuánto puedes ahorrar en pocos meses.

Si recibes dinero extra, como regalos de cumpleaños o pagos inesperados, también es una buena oportunidad para aumentar tus ahorros. En lugar de gastarlo todo, intenta ahorrar al menos una parte significativa. Esto te ayudará a mantener una mentalidad enfocada en el ahorro sin sentir que tienes que sacrificar por completo tus gastos.

5. Abre una cuenta de ahorros

Una de las mejores maneras de ahorrar de manera organizada es abrir una cuenta de ahorros. Tener una cuenta separada para tus ahorros te ayuda a mantener tu dinero fuera de la vista y, por lo tanto, lejos de la tentación de gastarlo. Además, muchas cuentas de ahorro ofrecen pequeños intereses, lo que significa que tu dinero crecerá con el tiempo, aunque sea poco a poco.

Cuando abres una cuenta de ahorros, asegúrate de elegir una opción que no tenga costos de mantenimiento o comisiones altas. Algunos bancos ofrecen cuentas específicas para jóvenes que tienen condiciones más flexibles. Además, si puedes, elige una cuenta que te permita automáticamente transferir dinero de tu cuenta corriente a tu cuenta de ahorros cada mes. De esta manera, no tendrás que preocuparte por recordar hacerlo y estarás asegurando que ahorres de forma constante.

También es útil que esta cuenta de ahorros no sea fácil de acceder en tu día a día. Así, evitas la tentación de transferir el dinero para gastos impulsivos. Considera abrir una cuenta que no uses con frecuencia, donde puedas guardar tu dinero y verlo crecer sin tocarlo a menos que sea necesario para tus metas.

6. Aprende a decir "no" a los gastos innecesarios

Es fácil caer en la presión social de gastar cuando sales con amigos o cuando ves que otros compran cosas nuevas constantemente. Sin embargo, una parte importante de aprender a ahorrar es decir "no" a los gastos innecesarios. Esto no significa que no puedas disfrutar de salir o comprarte algo que te guste de vez en cuando, sino que es fundamental que aprendas a tomar decisiones conscientes sobre en qué gastar tu dinero.

Antes de gastar en algo, pregúntate si ese gasto realmente aporta valor a tu vida o si es algo que podrías evitar. Si siempre te encuentras gastando en cosas pequeñas, como bebidas o comidas fuera, esos gastos pueden acumularse rápidamente. Un buen consejo es llevar un registro de tus gastos diarios durante una semana o un mes para que puedas ver en qué estás gastando sin darte cuenta. Esto te ayudará a identificar patrones y ajustar tus hábitos.

Si aprendes a decir "no" a algunos gastos innecesarios ahora, tendrás mucho más control sobre tus finanzas y podrás disfrutar de experiencias o compras más significativas en el futuro. Esto no significa que tengas que privarte de todo, sino que aprendes a priorizar lo que realmente vale la pena.

7. Piensa en el futuro: invierte en tu educación y habilidades

Ahorrar no solo se trata de tener dinero disponible para comprar cosas o alcanzar metas a corto plazo, sino también de invertir en tu futuro. Una de las mejores formas de hacer un uso inteligente de tu dinero es invertir en tu educación y desarrollo personal. El dinero que inviertas en cursos, libros o actividades que mejoren tus habilidades es una inversión que te proporcionará beneficios a largo plazo, ya que te ayudará a estar mejor preparada para oportunidades laborales y profesionales.

Además de ahorrar para comprar objetos o experiencias, destina una parte de tu presupuesto para mejorar tus habilidades, ya sea aprendiendo un nuevo idioma, tomando clases en línea o invirtiendo en herramientas que te ayuden a alcanzar tus metas académicas o profesionales. Esto te proporcionará un retorno mucho mayor que cualquier compra impulsiva, ya que estás invirtiendo en tu propio crecimiento.

Cómo Ganar Dinero Siendo Adolescente

Ganar dinero siendo adolescente no solo te permite tener más independencia financiera, sino que también te ayuda a desarrollar habilidades valiosas, como la responsabilidad, la gestión del tiempo y el compromiso. Ya sea que quieras ahorrar para un objetivo específico, aprender a manejar tu propio dinero o simplemente tener algo extra para disfrutar, hay muchas formas de generar ingresos mientras sigues en la escuela. Además, empezar a ganar dinero desde joven te prepara para futuros desafíos laborales y te da una ventaja para cuando ingreses al mundo adulto.

Aquí te presentamos algunas maneras creativas y accesibles para ganar dinero como adolescente, aprovechando tus habilidades, intereses y tiempo disponible.

1. Trabajos de medio tiempo

Uno de los métodos más tradicionales para ganar dinero como adolescente es conseguir un trabajo de medio tiempo. Dependiendo de tu edad, disponibilidad y las leyes locales de trabajo, hay muchas oportunidades para que trabajes unas horas a la semana y generes ingresos. Los trabajos de medio tiempo suelen ser ideales porque te permiten organizar tu horario alrededor de tus estudios y otras actividades, mientras obtienes experiencia laboral real.

Algunas de las opciones más comunes para adolescentes incluyen:

- **Cafeterías y restaurantes**: Trabajar como mesera, en la caja o ayudando en la cocina son trabajos populares que suelen requerir poca experiencia previa.
- **Tiendas de ropa o supermercados**: Muchos adolescentes trabajan en tiendas de ropa, supermercados o tiendas locales, ayudando en la atención al cliente, el inventario o la organización de los productos.

- **Cines o centros de entretenimiento**: Si disfrutas del ambiente social, trabajar en un cine o centro de entretenimiento local puede ser divertido y te permitirá ganar dinero mientras trabajas en un ambiente relajado.

Asegúrate de encontrar un trabajo que se ajuste a tu horario escolar y que no interfiera con tus estudios o actividades extracurriculares. Además, estos trabajos te ayudarán a desarrollar habilidades sociales y laborales que serán valiosas en el futuro, como la capacidad de trabajar en equipo, la atención al cliente y la gestión del tiempo.

2. Ofrecer servicios en tu vecindario

Si prefieres un trabajo más flexible o no puedes comprometerte con un empleo formal, ofrecer servicios en tu vecindario es una excelente manera de ganar dinero por tu cuenta. Este tipo de trabajos te permite controlar tu propio horario y ajustar el trabajo a tus otras responsabilidades, mientras prestas un servicio útil a las personas cercanas.

Algunos servicios que podrías ofrecer incluyen:

- **Cuidado de mascotas**: Muchas personas necesitan ayuda para pasear a sus perros, cuidar de sus mascotas cuando están de viaje o simplemente alimentar a sus animales cuando están ocupados. Si te gustan los animales, puedes ofrecer este servicio en tu vecindario.
- **Cuidado de niños**: El cuidado de niños es una opción popular para adolescentes, especialmente si tienes experiencia con tus propios hermanos o familiares más pequeños. Puedes ofrecer tus servicios a familias que necesitan ayuda por las tardes o los fines de semana.
- **Corte de césped o jardinería**: Ayudar a tus vecinos con el mantenimiento de sus jardines, como cortar el césped,

regar las plantas o limpiar las hojas caídas, es otra opción rentable. Es una tarea que muchas personas prefieren delegar, especialmente si no tienen tiempo para hacerlo por sí mismas.

- **Limpieza y organización**: Si eres buena organizando y limpiando, puedes ofrecer tus servicios para ayudar a las personas a ordenar sus espacios, limpiar garajes, o reorganizar sus armarios.

Estos trabajos no solo te permitirán ganar dinero, sino que también te ayudarán a conectar con tu comunidad y a desarrollar un sentido de responsabilidad y confianza en ti misma. Además, puedes establecer tus tarifas y horarios, lo que te da flexibilidad para ajustar el trabajo a tu estilo de vida.

3. Venta de productos hechos a mano o artículos usados

Si tienes habilidades creativas o disfrutas hacer manualidades, considera vender productos hechos a mano como una forma de ganar dinero. Desde pulseras, collares y accesorios, hasta arte, ropa personalizada o decoración para el hogar, hay muchas maneras de convertir tus habilidades artísticas en ingresos.

Puedes empezar ofreciendo tus productos a amigos, familiares y vecinos, y luego expandir tu negocio a través de plataformas como Instagram o Etsy, que son ideales para vender productos artesanales. El mundo de las ventas en línea te permite llegar a un público más amplio sin necesidad de tener una tienda física.

Otra opción es vender artículos usados. Si tienes ropa, accesorios o tecnología que ya no usas pero están en buen estado, puedes venderlos en plataformas como Depop o Vinted. La moda de la ropa de segunda mano está en auge, y vender lo que ya no necesitas no solo es una excelente manera de ganar dinero, sino que también es una opción sostenible y respetuosa con el medio ambiente.

4. Ofrecer tutorías o clases particulares

Si eres buena en una materia escolar o tienes habilidades específicas, como tocar un instrumento, puedes ofrecer tutorías o clases particulares a otros estudiantes. Esto es especialmente útil si tienes un talento académico en materias como matemáticas, ciencias, inglés o historia, ya que muchos estudiantes buscan ayuda extra para mejorar sus calificaciones.

Puedes comenzar ofreciendo tus servicios a compañeros de clase más jóvenes o conocidos que necesiten apoyo en estas áreas. A medida que ganas más experiencia, puedes ampliar tu red de estudiantes o incluso publicitarte en redes sociales o grupos comunitarios.

Además de materias escolares, puedes ofrecer clases de habilidades específicas, como música, arte o deportes. Si tocas un instrumento, puedes dar lecciones básicas a niños o principiantes que quieran aprender. Del mismo modo, si eres buena en algún deporte, podrías ayudar a niños pequeños a mejorar sus habilidades en esa área. Ofrecer tutorías te permite trabajar de manera flexible, mejorar tus propias habilidades de comunicación y, al mismo tiempo, ganar dinero extra.

5. Trabajo freelance en línea

Hoy en día, gracias a internet, tienes la posibilidad de trabajar como freelance desde cualquier lugar, lo que significa que puedes ofrecer tus habilidades en línea y ganar dinero sin necesidad de moverte de casa. Si tienes habilidades como el diseño gráfico, la edición de video, la escritura o el manejo de redes sociales, puedes ofrecer tus servicios a personas o empresas que necesiten estos trabajos.

Existen plataformas como Fiverr o Upwork donde puedes crear un perfil y ofrecer servicios específicos en función de lo que sabes hacer. Aunque puede que al principio no tengas muchos clientes, a medida que adquieres más experiencia y construyes tu portafolio, podrás aumentar tus tarifas y generar ingresos de manera regular.

Si te gusta la tecnología, el diseño o la creación de contenido, el trabajo freelance te permite combinar tu pasión con la posibilidad de ganar dinero. Además, es una gran oportunidad para desarrollar habilidades profesionales que te serán útiles más adelante en tu carrera.

6. Crear contenido en redes sociales

Si te encanta la creación de contenido, las redes sociales pueden ser una herramienta poderosa para monetizar tus pasiones. Plataformas como YouTube, TikTok e Instagram ofrecen la posibilidad de ganar dinero a través de la creación de videos, publicaciones o contenido patrocinado. Aunque llegar a monetizar tu contenido lleva tiempo y esfuerzo, muchas personas jóvenes han logrado construir carreras en estas plataformas.

El primer paso para convertirte en creadora de contenido es encontrar tu nicho. Puede ser sobre moda, belleza, tecnología, juegos, cocina o cualquier tema que te apasione y sobre el que disfrutes compartir. A medida que construyes una audiencia, las marcas podrían acercarse a ti para colaborar en promociones o patrocinios.

Además de patrocinios, plataformas como YouTube también permiten ganar dinero a través de anuncios si alcanzas un número determinado de suscriptores y horas de visualización. Aunque no es una forma rápida de ganar dinero, si eres constante y creas contenido de calidad, puedes convertir esta actividad en una fuente de ingresos divertida y rentable.

7. Participar en encuestas o tareas en línea

Otra forma de ganar dinero extra desde casa es participando en encuestas en línea o completando tareas simples en plataformas específicas. Existen sitios web que pagan por participar en encuestas, ver videos o probar productos. Aunque las ganancias suelen ser pequeñas, es una opción sencilla para obtener un ingreso adicional en tu tiempo libre.

Algunas plataformas como Swagbucks o Toluna ofrecen puntos o dinero por completar estas actividades. Aunque no te harás rica con este tipo de trabajo, es una manera fácil de ganar dinero extra sin demasiado esfuerzo.

La Importancia de los Presupuestos y los Gastos Responsables

La gestión inteligente del dinero es una habilidad crucial que te ayudará a alcanzar la independencia financiera y a mantener una vida estable y equilibrada. Una de las herramientas más útiles para lograrlo es crear y seguir un presupuesto, ya que te permite tener un control claro sobre tus ingresos, gastos y ahorros. Además, aprender a gastar de manera responsable es fundamental para evitar problemas financieros, especialmente cuando comienzas a ganar dinero por tu cuenta o recibes ingresos de tus padres.

El presupuesto no solo te ayuda a organizar mejor tus finanzas, sino que también te permite identificar áreas en las que puedes ahorrar, planificar para el futuro y asegurarte que tienes suficiente dinero para cubrir tus necesidades y cumplir tus metas.

¿Qué es un presupuesto y por qué es importante?

Un presupuesto es básicamente un plan que te permite organizar y controlar tu dinero, asegurándote de que gastas menos de lo que ganas y de que puedes ahorrar para el futuro. Es una herramienta esencial para gestionar tus finanzas, ya que te ayuda a evitar gastar de más, identificar tus prioridades y ahorrar para metas importantes. Cuando tienes un presupuesto, sabes exactamente cuánto dinero tienes disponible y en qué lo estás gastando, lo que te da control y seguridad financiera.

El presupuesto es especialmente importante porque te enseña a tomar decisiones conscientes y responsables sobre tus finanzas. Sin un presupuesto, es fácil perder la noción de cuánto estás gastando y terminar con menos dinero del que esperabas. Además, un buen presupuesto te permite evitar deudas innecesarias y te ayuda a planificar para imprevistos o gastos mayores, como emergencias o compras importantes.

Además, el presupuesto no es solo para personas que tienen grandes ingresos o que están en la vida adulta. Incluso si solo recibes una asignación o ingresos pequeños, aprender a presupuestar desde joven te da una ventaja enorme para el futuro. Cuanto antes empieces a manejar tu dinero de manera organizada, más fácil será lograr independencia financiera y cumplir tus objetivos.

¿Cómo crear un presupuesto personal?

Crear un presupuesto personal no es complicado, pero requiere un poco de planificación y seguimiento. El primer paso para crear un presupuesto efectivo es entender cuánto dinero tienes y cuánto estás gastando. Para empezar, puedes seguir estos pasos básicos:

1. **Identifica tus ingresos**: Anota todo el dinero que recibes, ya sea de un trabajo de medio tiempo, una asignación de tus padres o cualquier otro ingreso regular. Esto te dará una idea clara de cuánto dinero tienes disponible cada mes.
2. **Anota tus gastos fijos**: Los gastos fijos son aquellos que debes cubrir cada mes, como transporte, comida, actividades escolares o el dinero que usas para salir. Estos gastos suelen ser constantes y deben estar entre las primeras prioridades de tu presupuesto, ya que son necesidades.
3. **Registra tus gastos variables**: Estos son los gastos que cambian de un mes a otro, como compras de ropa, entretenimiento o comidas fuera de casa. Aunque son menos predecibles, es importante que los tengas en cuenta para no gastar de más.
4. **Ahorra primero**: Antes de gastar en cosas que no sean esenciales, establece una cantidad fija para ahorrar cada mes. Puede ser un porcentaje de tus ingresos (por ejemplo, el 10% o el 20%) o una cantidad específica. Ahorrar antes de gastar te garantiza que siempre estás construyendo un fondo para el futuro.
5. **Haz un seguimiento de tus gastos**: Llevar un control diario o semanal de cuánto estás gastando es clave para mantener tu presupuesto. Puedes usar una libreta, una hoja de cálculo o aplicaciones como **Mint** o **Goodbudget** que te permiten ver todos tus ingresos y gastos en un solo lugar.

Una vez que tengas claro cuánto ganas, cuánto gastas y cuánto puedes ahorrar, podrás ajustar tu presupuesto según tus necesidades. Si te das cuenta de que estás gastando demasiado en ciertas áreas, como salir a comer o comprar ropa, podrás hacer ajustes para asegurarte de que te mantienes dentro de tus límites.

Beneficios de seguir un presupuesto

Seguir un presupuesto trae numerosos beneficios, tanto a corto como a largo plazo. Al planificar y seguir tus finanzas de manera organizada, no solo tienes el control sobre tu dinero, sino que también puedes disfrutar de una mayor tranquilidad y confianza. Entre los principales beneficios de seguir un presupuesto están:

- **Evitar el gasto excesivo**: Cuando tienes un presupuesto, sabes cuánto puedes gastar en cada área de tu vida sin quedarte sin dinero para otras cosas importantes. Esto evita que gastes de más y te ayuda a ser más consciente de tus decisiones financieras.
- **Ahorrar para metas importantes**: Si tienes objetivos financieros, como ahorrar para comprar algo grande o para viajar, el presupuesto te permite asignar dinero regularmente a esas metas. Ver tu progreso te motiva a seguir ahorrando y a mantener el enfoque en lo que realmente importa.
- **Evitar el estrés financiero**: Una de las causas más comunes del estrés es la preocupación por el dinero. Cuando sigues un presupuesto, tienes la seguridad de que estás manejando bien tus finanzas y de que no tendrás sorpresas desagradables al final del mes.
- **Tomar decisiones informadas**: Con un presupuesto, puedes tomar decisiones más inteligentes y estratégicas sobre tus finanzas. En lugar de gastar impulsivamente,

piensa en cómo cada decisión impactará tu dinero a largo plazo.

La importancia de gastar de manera responsable

Una parte fundamental de manejar tus finanzas de manera efectiva es aprender a gastar responsablemente. Esto significa tomar decisiones conscientes sobre en qué gastar tu dinero y evitar los gastos innecesarios o impulsivos. Aunque es normal querer disfrutar de tu dinero, gastar sin control puede llevarte a desequilibrios financieros o a quedarte sin recursos para cosas más importantes.

Para gastar de manera responsable, es importante que siempre tengas en mente tus prioridades financieras. Pregúntate si el gasto que estás a punto de hacer es realmente necesario o si hay otras formas de usar ese dinero que podrían beneficiarte más en el futuro. Por ejemplo, antes de comprar algo nuevo, evalúa si realmente lo necesitas o si podrías esperar un tiempo más. Este tipo de reflexión te ayuda a evitar la compra impulsiva.

Otra estrategia para gastar responsablemente es comparar precios y buscar ofertas o descuentos. No siempre tienes que comprar lo primero que ves; tomar el tiempo para investigar opciones puede ayudarte a ahorrar dinero y encontrar mejores ofertas.

Evita las deudas innecesarias

Una de las principales razones por las que las personas enfrentan dificultades financieras es por acumular deudas innecesarias. A medida que creces, es posible que tengas acceso a productos financieros como tarjetas de crédito, préstamos o servicios de pago a plazos, pero es importante que uses estos recursos de manera inteligente. Aunque las deudas pueden ser útiles en ciertas circunstancias (como para financiar estudios o comprar una casa en el futuro), es crucial que evites endeudarte por cosas que no necesitas o que no puedes pagar a corto plazo.

Si decides usar una tarjeta de crédito o pedir un préstamo en algún momento, asegúrate de que puedes cubrir los pagos sin afectar tus finanzas. Las deudas mal gestionadas pueden generar intereses elevados y volverse difíciles de manejar con el tiempo. Por eso, siempre que sea posible, trata de pagar en efectivo o con dinero que ya tienes disponible, y evita caer en la trampa de pagar en cuotas por cosas que no son esenciales.

Construir un fondo de emergencia

Parte de gastar de manera responsable también incluye prepararte para imprevistos. La vida puede ser impredecible, y siempre existe la posibilidad de enfrentar gastos inesperados, como una emergencia médica, una reparación o una compra urgente. Tener un fondo de emergencia es esencial para evitar que estos gastos te tomen por sorpresa y desestabilicen tus finanzas.

Tu fondo de emergencia debe ser una cantidad de dinero que apartes exclusivamente para situaciones imprevistas. Aunque no necesitas acumular una gran cantidad de inmediato, empezar a ahorrar poco a poco para este fondo te dará tranquilidad y te protegerá de posibles problemas financieros en el futuro. La cantidad ideal para un fondo de emergencia depende de tu situación, pero muchos expertos recomiendan tener el equivalente a tres a seis meses de gastos como un objetivo a largo plazo.

Revisar y ajustar tu presupuesto regularmente

Finalmente, recuerda que un presupuesto no es algo estático. Tus ingresos, gastos y metas financieras pueden cambiar con el tiempo, por lo que es importante que revises y ajustes tu presupuesto regularmente. Si notas que estás gastando más de lo esperado en alguna área o que tus prioridades han cambiado, ajusta tu presupuesto para reflejar tu situación actual.

Dedica tiempo cada mes para revisar cómo te fue en relación a tu presupuesto. ¿Lograste cumplir con tus metas de ahorro? ¿Te excediste en alguna categoría de gastos? ¿Necesitas hacer ajustes? Esta revisión te permitirá mantener el control de tu dinero y asegurarte de que estás progresando hacia tus objetivos financieros.

Viajar sola o con amigos: Consejos y precauciones

Qué Hacer Antes de Viajar: Planificación y Organización

Viajar sola o con amigos es una de las experiencias más emocionantes que puedes tener durante tu adolescencia. Sin embargo, para que tu viaje sea un éxito, es fundamental planificar y organizar todo con antelación. Un buen plan te permitirá disfrutar más de la aventura, minimizar imprevistos y garantizar que todo salga bien. Además, una organización adecuada te ayudará a sentirte segura y preparada para cualquier situación que pueda surgir durante el viaje.

En este apartado, te enseñaré algunos consejos clave sobre cómo planificar y organizar tu viaje, ya sea que viajes sola o con amigos. Desde elegir el destino hasta asegurarte de que llevas todo lo necesario, la organización es la clave para disfrutar al máximo de tu experiencia sin preocupaciones.

1. Elige tu destino y duración del viaje

Lo primero que debes hacer al planear un viaje es elegir el destino al que quieres ir. Dependiendo de si viajas sola o con amigos, es importante que el destino se ajuste a tus intereses, presupuesto y nivel de comodidad. Si es tu primer viaje sola, es recomendable que escojas un lugar en el que te sientas segura y que no esté demasiado lejos de casa, para que te sientas más confiada.

Si viajas con amigos, asegúrate de que todos estén de acuerdo en el destino y la duración del viaje. Conversen sobre sus expectativas, los tipos de actividades que quieren hacer y el tipo de alojamiento que prefieren. Una comunicación clara desde el principio evitará malentendidos y hará que todos disfruten del viaje.

Además, piensa en cuánto tiempo quieres estar fuera. Si es un viaje corto, como un fin de semana, puedes organizar actividades específicas para aprovechar al máximo el tiempo. Si es un viaje más largo, puedes permitirte más flexibilidad en tu itinerario. Establecer la duración del viaje también te ayudará a planificar mejor el presupuesto y decidir cuántas cosas necesitas llevar.

2. Investiga sobre el destino

Una vez que has decidido el destino, es crucial investigar sobre el lugar. Esto te ayudará a conocer las principales atracciones turísticas, las zonas seguras, las costumbres locales y cualquier cosa que debas tener en cuenta antes de viajar. Investigar con antelación te permitirá aprovechar mejor el tiempo y asegurarte de que no te pierdes las experiencias más importantes del lugar.

Comienza buscando información básica sobre el destino: el clima, la moneda local, el idioma, las costumbres culturales y las principales atracciones. También es útil investigar sobre los medios de transporte, como autobuses, trenes o metros, para saber cómo moverte por el lugar. Además, asegúrate de buscar opiniones de otros viajeros en blogs, foros o redes sociales para obtener consejos prácticos sobre qué hacer y qué evitar.

Si viajas sola, también es importante investigar sobre las zonas seguras y cualquier precaución específica para mujeres que debas tomar en el destino. Lee sobre la seguridad del lugar y anota los números de emergencia locales por si acaso.

3. Establece un presupuesto

Uno de los aspectos más importantes de cualquier viaje es el presupuesto. Antes de hacer cualquier reserva, necesitas tener claro cuánto dinero tienes disponible y cómo lo vas a dividir para cubrir los gastos del viaje. Esto te ayudará a no gastar de más y evitará que te quedes sin dinero durante el viaje.

El primer paso es hacer una lista de los gastos principales que tendrás: transporte, alojamiento, comidas, actividades turísticas y gastos adicionales como compras o recuerdos. Divide tu presupuesto de manera que puedas cubrir cada una de estas categorías. Si viajas con amigos, asegúrate de que todos estén de acuerdo en el presupuesto general para evitar problemas más adelante.

Si estás buscando ahorrar dinero, considera opciones de transporte económico, como autobuses o vuelos de bajo costo, y busca alojamientos asequibles como hostales o alquileres vacacionales. También puedes planificar algunas comidas preparadas por ti misma si tu alojamiento tiene cocina, lo que te permitirá ahorrar en restaurantes.

4. Reserva el transporte y el alojamiento

Una vez que tengas claro tu presupuesto, es hora de hacer las reservas de transporte y alojamiento. Al reservar con antelación, no solo te aseguras de conseguir mejores precios, sino que también reduces el estrés de buscar a última hora. Además, muchas veces puedes encontrar ofertas especiales si reservas con tiempo.

Si viajas en avión, busca vuelos en páginas web que comparen precios como Skyscanner o Google Flights. Recuerda revisar si necesitas visados o documentación especial dependiendo del destino. Si viajas en autobús o tren, consulta los horarios y compra tus billetes con antelación para evitar sorpresas.

En cuanto al alojamiento, elige una opción que se ajuste a tu presupuesto y necesidades. Si viajas sola, busca un lugar seguro y bien ubicado. Los hostales son una buena opción para conocer a otros viajeros, mientras que los apartamentos o habitaciones privadas pueden darte más privacidad. Asegúrate de leer opiniones de otros huéspedes antes de reservar para tener una idea clara de lo que puedes esperar.

5. Crea un itinerario flexible

Es recomendable que prepares un itinerario flexible que te permita aprovechar el tiempo sin sentirte apresurada. Tener una idea de lo que quieres hacer cada día te ayuda a organizar mejor tus actividades y no perder tiempo en el destino decidiendo qué hacer.

Haz una lista de las principales atracciones turísticas o actividades que te gustaría hacer, y distribúyelas a lo largo de los días. Asegúrate de que el itinerario sea flexible para que puedas ajustar según cómo te sientas durante el viaje. Si viajas sola, te permitirá moverte a tu propio ritmo y disfrutar de lo que más te guste sin presiones. Si viajas con amigos, el itinerario puede ser una guía para que todos estén de acuerdo en las actividades, pero deja espacio para la espontaneidad.

Además, ten en cuenta que algunas actividades o tours necesitan reservarse con antelación, así que planifica esto antes de viajar. Sin embargo, también deja tiempo libre para explorar el destino de manera espontánea o relajarte si lo necesitas.

6. Documentación y seguro de viaje

Otro paso importante en la planificación es asegurarte de que tienes toda la documentación necesaria para el viaje. Esto incluye tu pasaporte, identificación, visado (si es necesario), y cualquier otro documento que puedas necesitar. Asegúrate de que tu pasaporte esté vigente por al menos seis meses después de la fecha de regreso, ya que algunos países lo requieren.

Además, es altamente recomendable contratar un seguro de viaje. Aunque puede parecer un gasto innecesario, el seguro te cubre en caso de emergencias médicas, pérdida de equipaje o cancelación de vuelos. Es mejor estar preparada para cualquier situación que pueda surgir y no tener que preocuparte en caso de que ocurra algo inesperado.

Haz una copia de todos tus documentos importantes y guárdalos en un lugar seguro, tanto en tu maleta como en formato digital (puedes enviártelos por correo o guardarlos en la nube). Así, en caso de perder alguno, tendrás acceso a la copia.

7. Empaca inteligentemente

Empacar de manera inteligente es clave para disfrutar de tu viaje sin preocupaciones. Lo ideal es llevar lo esencial, sin cargar con demasiadas cosas. Asegúrate de que tu maleta o mochila sea lo suficientemente ligera para que puedas transportarla fácilmente, especialmente si viajas sola.

Haz una lista de todo lo que necesitas antes de empacar: ropa adecuada al clima del destino, productos de higiene personal, medicamentos, y cargadores para tus dispositivos electrónicos. No olvides llevar una mochila pequeña o bolso para usar durante el día, donde puedas guardar lo necesario como tu billetera, pasaporte, cámara y botella de agua.

Si viajas en avión, asegúrate de conocer las reglas de equipaje de la aerolínea para evitar cargos adicionales. Y si viajas con amigos, pueden coordinar para compartir algunos artículos, como adaptadores o productos de higiene, para ahorrar espacio en la maleta.

8. Ten un plan de comunicación y seguridad

Si viajas sola, es importante que mantengas una comunicación regular con tu familia o amigos para que sepan dónde estás y que todo está bien. Establece un plan para comunicarte cada cierto tiempo, ya sea por llamadas, mensajes o a través de aplicaciones de mensajería como WhatsApp.

También puedes usar aplicaciones como Google Maps o Citymapper para orientarte mejor y encontrar la mejor manera de moverte por el destino. Si viajas con amigos, es útil que todos estén de acuerdo en mantener la comunicación en caso de que se separen durante el viaje.

Finalmente, siempre es importante tener precauciones de seguridad personal. Evita caminar sola por zonas desoladas o peligrosas, especialmente de noche. Confía en tu instinto y, si algo no se siente seguro, cambia de plan. Ten a mano el número de emergencias locales y la dirección de la embajada o consulado de tu país en caso de cualquier inconveniente.

Mantente Segura Durante el Viaje: Precauciones en el Extranjero

Viajar es una experiencia emocionante y enriquecedora, pero también es importante recordar que tu seguridad debe ser siempre una prioridad. Ya sea que estés viajando sola o con amigos, es fundamental que tomes ciertas precauciones para asegurarte de que tu experiencia en el extranjero sea segura y libre de preocupaciones. A continuación, te proporcionaré algunos consejos esenciales para mantenerte segura durante el viaje, desde cómo proteger tus pertenencias hasta cómo manejar situaciones imprevistas en un entorno desconocido.

1. Conoce el entorno y mantente informada

Uno de los pasos más importantes para mantenerte segura es conocer el entorno en el que te encuentras. Antes de llegar a tu destino, investiga sobre las zonas más seguras y las que es mejor evitar, especialmente si viajas sola. Familiarízate con los barrios que son más recomendables para turistas, así como con las áreas donde podrías estar en mayor riesgo de robos o incidentes.

También es útil estar al tanto de la situación política y social del lugar que visitas. Algunos países pueden tener áreas en conflicto, huelgas o manifestaciones que pueden afectar tu seguridad. Mantente informada a través de las noticias locales y sigue las recomendaciones de las embajadas o consulados.

Una buena práctica es descargar un mapa del lugar en tu teléfono antes de viajar. Aplicaciones como Google Maps te permiten acceder a mapas sin conexión, lo que puede ser muy útil si no tienes acceso a internet durante el viaje. Saber cómo moverte por la ciudad y tener ubicadas las zonas seguras te ayudará a sentirte más cómoda y confiada.

2. Usa el transporte público con precaución

El transporte público es una opción muy común y asequible cuando viajas, pero también puede ser un lugar donde debas estar más alerta, especialmente en lugares desconocidos o concurridos. Al usar transporte público, asegúrate de conocer las rutas y horarios de antemano para evitar perderte o quedarte en una zona que no conoces bien.

Si viajas sola, evita usar el transporte público muy tarde en la noche, especialmente si no estás segura del área. Opta por tomar taxis oficiales o servicios de transporte confiables como Uber o Lyft si necesitas moverte de noche. Estos servicios suelen ser más seguros, ya que te permiten rastrear el viaje y compartir la información con alguien de confianza.

Si viajas en autobuses o trenes, mantén tus pertenencias cerca y asegúrate de que estén bien cerradas para evitar robos. Los bolsos cruzados o mochilas con cierres seguros son ideales para proteger tus cosas en espacios concurridos. Además, si necesitas preguntar indicaciones, busca ayuda en personas confiables como empleados de la estación o tiendas locales, y evita aceptar ayuda de extraños en áreas desoladas.

3. Mantén tus pertenencias seguras

Viajar implica llevar contigo documentos importantes, como el pasaporte, tarjetas de crédito y dinero en efectivo, por lo que es esencial que tengas precauciones adicionales para mantener tus pertenencias seguras. Uno de los consejos más importantes es no llevar todo tu dinero o documentos en un solo lugar. Si es posible, distribuye tu dinero y tarjetas en diferentes bolsillos o compartimentos para evitar perderlo todo en caso de robo.

Guarda una copia de tus documentos importantes (pasaporte, visado, seguro de viaje) en un lugar seguro, como en tu correo electrónico o en la nube. Si pierdes tus documentos originales, tener copias te facilitará recuperarlos o demostrar tu identidad en la embajada o consulado más cercano.

Si tu alojamiento ofrece una caja fuerte, utiliza este servicio para guardar tus pertenencias más valiosas cuando no las necesites. Evita llevar objetos de mucho valor, como joyas caras, y, si es posible, mantén tu teléfono y otros dispositivos electrónicos fuera de la vista en lugares concurridos. También puedes optar por usar una riñonera de seguridad o una billetera oculta para llevar tu dinero y documentos de manera discreta.

4. Mantén siempre tu teléfono cargado y con datos

Tener tu teléfono móvil cargado y funcionando durante el viaje es crucial para mantenerte segura. Un teléfono no solo te permite comunicarte con tus amigos y familiares, sino que también es una herramienta importante para navegar, acceder a mapas, pedir transporte y buscar información sobre el lugar en el que te encuentras.

Asegúrate de mantener tu teléfono siempre cargado. Lleva contigo un cargador portátil o power bank para poder cargar tu dispositivo cuando no tengas acceso a enchufes. Además, si viajas a otro país, investiga si necesitarás un adaptador de corriente para cargar tus dispositivos.

Si es posible, compra un plan de datos móviles que te permita tener acceso a internet durante el viaje. Esto es especialmente útil si necesitas buscar direcciones, traducir frases en otro idioma o usar servicios como Google Maps o Uber. Tener acceso a datos te brinda mayor tranquilidad y te permite resolver problemas de manera más rápida.

5. Mantén una comunicación constante con tus seres queridos

Uno de los aspectos más importantes de viajar, especialmente si viajas sola, es mantener una comunicación constante con tus familiares o amigos. Informa a alguien de confianza sobre tus planes diarios, como dónde te hospedarás, qué actividades harás y en qué áreas estarás. Esto les permitirá saber que estás bien y dónde localizarte en caso de que no puedan contactarte.

Recuerda que debes establecer un plan para comunicarte de forma regular, ya sea a través de mensajes, llamadas o videollamadas. Puedes usar aplicaciones como WhatsApp para enviar tu ubicación en tiempo real a tus seres queridos, lo que les permitirá rastrear tu ubicación durante tus trayectos o actividades.

Si viajas con amigos, es recomendable que tengan un plan de comunicación en caso de que se separen durante el viaje. Asegúrate de que todos tengan acceso a los números de emergencia locales y un punto de encuentro acordado por si no pueden localizarse rápidamente.

6. Sé cuidadosa con la comida y el agua

Uno de los mayores placeres de viajar es probar la comida local, pero es importante que tomes precauciones para evitar problemas de salud relacionados con la comida o el agua. En algunos países, el agua del grifo puede no ser potable, lo que significa que deberás beber agua embotellada para evitar enfermedades gastrointestinales.

Cuando compres alimentos en mercados o puestos callejeros, asegúrate de que los productos estén frescos y que el lugar donde los compras siga medidas básicas de higiene. Evita consumir alimentos crudos, especialmente carne o mariscos, si no estás segura de su calidad o preparación. Si tienes alguna alergia alimentaria, investiga los ingredientes comunes de los platos locales y, si es necesario, aprende a decir las palabras clave en el idioma local para evitar alimentos a los que eres alérgica.

Llevar contigo medicamentos básicos para problemas estomacales, como antiácidos o medicamentos contra la diarrea, puede ser muy útil si te enfrentas a problemas digestivos leves durante el viaje.

7. Confía en tu instinto

Un consejo muy valioso al viajar es confiar en tu instinto. Si en algún momento una situación o una persona te hace sentir incómoda o insegura, no dudes en alejarte. Si sientes que algo no está bien, es mejor ser precavida y cambiar tus planes. Escucha a tu instinto y no temas decir "no" o salir de una situación si no te sientes segura.

Si viajas sola, es importante ser cautelosa con la información personal que compartes. Evita dar detalles sobre tu alojamiento o tus planes a extraños, y mantén la discreción sobre tu itinerario. Si conoces a nuevas personas durante el viaje, asegúrate de hacerlo en lugares públicos y bien iluminados.

Mantén una actitud confiada, incluso si no te sientes completamente segura en un momento dado. Las personas que parecen seguras de sí mismas y atentas a su entorno son menos propensas a convertirse en blanco de situaciones incómodas o peligrosas.

8. Aprende algunas frases clave en el idioma local

Si viajas a un país donde se habla un idioma diferente, aprender frases clave puede ser muy útil para comunicarte y pedir ayuda en caso de emergencia. No necesitas ser experta en el idioma, pero saber cómo decir frases como "¿Dónde está la estación de policía?", "Necesito ayuda", "¿Cómo llego a...?" o "¿Puedo llamar a un taxi?" te ayudará a navegar mejor por el destino y sentirte más segura.

Llevar un diccionario de bolsillo o usar aplicaciones de traducción en tu teléfono también puede facilitarte la comunicación en situaciones donde el idioma sea una barrera. Esto te ayudará a obtener indicaciones claras, entender instrucciones y pedir asistencia cuando sea necesario.

Cómo Disfrutar de Nuevas Experiencias y Culturas sin Riesgos

Viajar te brinda la increíble oportunidad de sumergirte en nuevas culturas, conocer diferentes estilos de vida y vivir experiencias inolvidables. Ya sea que estés descubriendo un país nuevo o una ciudad cercana, el viaje te enriquece personal y emocionalmente. Sin embargo, mientras exploras y disfrutas de lo que el destino tiene para ofrecer, es importante hacerlo con precaución para evitar cualquier riesgo y asegurarte de que tus experiencias sean seguras y gratificantes.

Estos consejos te ayudarán a que puedas disfrutar de nuevas culturas y experiencias de forma responsable, sin comprometer tu seguridad, manteniendo siempre un equilibrio entre la aventura y la prudencia. Aquí te doy algunos consejos clave para aprovechar al máximo cada destino mientras mantienes la seguridad como una prioridad.

1. Respeta la cultura y las costumbres locales

Una de las partes más emocionantes de viajar es aprender sobre otras culturas y costumbres, pero es esencial que lo hagas **con respeto y comprensión**. Cada país y región tiene sus propias normas culturales, tradiciones y formas de comportarse que pueden ser muy diferentes a las tuyas. Antes de viajar, dedica tiempo a investigar y entender estas normas para evitar malentendidos o comportamientos que puedan parecer ofensivos.

Por ejemplo, en algunos países, los códigos de vestimenta son más conservadores, especialmente al visitar sitios religiosos o áreas rurales. En lugares como templos, iglesias o mezquitas, es común que se espere que los visitantes se cubran los hombros y las rodillas. Al respetar estas normas, no solo demuestras respeto hacia la cultura local, sino que también te sentirás más segura al integrarte mejor en el entorno.

Además, ten en cuenta las normas sociales. En algunas culturas, gestos que son comunes en tu país podrían interpretarse de manera muy diferente. Gestos de afecto en público, por ejemplo, pueden ser mal vistos en ciertos países. Al familiarizarte con estas costumbres, evitarás situaciones incómodas o incluso conflictos.

Una actitud abierta y respetuosa hacia la cultura local no solo te ayudará a conectar mejor con las personas, sino que también te permitirá vivir una experiencia más auténtica y enriquecedora.

2. Haz tours y actividades de forma segura

Explorar un nuevo destino a través de tours y actividades turísticas es una de las mejores formas de vivir nuevas experiencias, pero es importante que lo hagas de manera segura y responsable. Ya sea que quieras practicar deportes de aventura, hacer caminatas o conocer sitios históricos, siempre debes investigar bien las opciones y asegurarte de que las empresas que elijas sean confiables.

Si vas a realizar actividades al aire libre o deportes extremos, como buceo, senderismo o paracaidismo, asegúrate de que las empresas con las que contratas cumplan con los estándares de seguridad y cuenten con guías capacitados. Lee reseñas de otros viajeros, verifica si tienen las certificaciones adecuadas y no dudes en hacer preguntas sobre los procedimientos de seguridad.

Para las excursiones o tours en ciudades, lo mejor es contratar guías locales certificados, ya que conocen bien el lugar y pueden proporcionarte información valiosa mientras te mantienen en zonas seguras. Evita hacer tours no oficiales o aceptar invitaciones de extraños para realizar actividades fuera del itinerario, ya que esto puede ponerte en situaciones riesgosas.

Además, es recomendable viajar en grupo cuando realices actividades en lugares remotos o en áreas que no conoces bien. Si viajas sola, considera unirte a tours organizados, lo que no solo te permitirá conocer gente nueva, sino también aumentar tu seguridad mientras exploras.

3. Prueba la gastronomía local con precaución

Probar la comida local es una de las experiencias más emocionantes de viajar, ya que te permite descubrir sabores y platos únicos que reflejan la cultura del destino. Sin embargo, es importante que lo hagas con precaución, especialmente si tu estómago no está acostumbrado a ciertos ingredientes o métodos de preparación.

Para disfrutar de la gastronomía local sin riesgos, sigue estos consejos:

- **Come en lugares recomendados**: Busca restaurantes o puestos callejeros que tengan buenas reseñas o que sean recomendados por las personas que viven en ese lugar. Los lugares populares y concurridos suelen ser más confiables porque tienen una rotación constante de alimentos frescos.
- **Evita el agua del grifo**: Recuerda que en muchos países, el agua del grifo no es potable. Asegúrate de beber solo agua embotellada y utiliza agua embotellada para cepillarte los dientes si es necesario. Además, evita los cubitos de hielo si no estás segura de que están hechos con agua potable.
- **Sé cautelosa con la comida cruda**: En algunos destinos, los alimentos crudos como ensaladas o mariscos pueden ser un riesgo para la salud si no se preparan adecuadamente. Asegúrate de que los alimentos que consumes estén bien cocidos y servidos en condiciones higiénicas.
- **Lleva medicamentos básicos**: Siempre es buena idea llevar contigo medicamentos para problemas estomacales o digestivos, especialmente si tu estómago es sensible a la comida nueva. De esta forma, estarás preparada para cualquier malestar que pueda surgir.

Probar la comida local es parte esencial de conocer una cultura, pero hacerlo con precaución te asegurará que disfrutes de la experiencia sin poner en riesgo tu salud.

4. Participa en eventos y festivales con seguridad

Viajar te brinda la oportunidad de participar en eventos y festivales locales, lo que puede ser una experiencia cultural increíble. Ya sea que asistas a un festival religioso, una celebración cultural o un evento artístico, estos momentos te permiten sumergirte por completo en la vida local. Sin embargo, es importante que tomes ciertas precauciones para disfrutar de estos eventos de manera segura.

Si planeas asistir a un evento grande, como un concierto o un festival popular, asegúrate de llegar temprano para familiarizarte con el lugar y ubicar las salidas de emergencia. Además, es recomendable llevar contigo solo lo esencial: dinero en efectivo, tu identificación y un teléfono cargado. Mantén tus pertenencias en un lugar seguro, como una riñonera o un bolso cruzado con cierres, para evitar robos en medio de la multitud.

Si asistes a festivales con mucha gente, como carnavales o eventos al aire libre, mantente siempre cerca de tus amigos o grupo de viaje, y establezcan un punto de encuentro en caso de que se separen. Evita llevar objetos de valor o grandes cantidades de dinero y presta atención a tu entorno, ya que los grandes eventos suelen ser un lugar donde los carteristas actúan.

Por último, mantente atenta al comportamiento de las personas a tu alrededor. Si sientes que una situación está escalando o si te sientes incómoda, aléjate de la multitud y busca un lugar seguro.

5. Mantén una actitud abierta, pero precavida

Viajar te da la oportunidad de conocer a nuevas personas y hacer amigos de diferentes partes del mundo, lo cual puede enriquecer tu experiencia. Sin embargo, es fundamental mantener un equilibrio entre ser abierta y amigable, y ser precavida con las personas que acabas de conocer.

Si viajas sola, está bien socializar con otros viajeros o locales, pero siempre hazlo en lugares públicos y seguros. Evita compartir información personal como dónde te hospedas o tus planes exactos con extraños. Si alguien te invita a un lugar desconocido o te sientes presionada para hacer algo, confía en tu intuición y no temas decir que no.

Si decides salir de noche, especialmente si viajas sola, opta por hacerlo en lugares bien iluminados y concurridos. Intenta regresar a tu alojamiento a una hora razonable y, si es necesario, pide un taxi o usa un servicio de transporte confiable como Uber para evitar caminar sola por zonas que no conoces.

Viajar es una experiencia de crecimiento personal, y conocer nuevas personas puede ser una parte increíble del viaje, pero siempre es mejor ser cautelosa y asegurarte de que cada interacción sea en un entorno seguro.

6. Disfruta de las experiencias, pero con responsabilidad

Parte de disfrutar al máximo de un nuevo destino es probar cosas nuevas, desde actividades emocionantes hasta explorar lugares fuera de lo común. Sin embargo, es esencial que lo hagas con responsabilidad. Si decides probar deportes de aventura, como paracaidismo, buceo o escalada, asegúrate de hacerlo con empresas confiables y con todas las medidas de seguridad necesarias.

Mantente consciente de tus propios límites físicos y emocionales. No te sientas presionada a hacer actividades que no te resulten cómodas solo porque otras personas lo están haciendo. El objetivo de viajar es disfrutar, pero siempre de forma que te sientas segura y en control de la situación.

Además, si decides salir de fiesta o disfrutar de la vida nocturna en tu destino, hazlo de manera responsable. Nunca aceptes bebidas de extraños. Mantén siempre tu bebida a la vista y asegúrate de que tú y tus amigos tengan un plan para regresar juntos al final de la noche.

Cuidado del medio ambiente

Acciones Diarias para Cuidar el Planeta

El cuidado del medio ambiente es una responsabilidad de todos, y desde nuestras actividades diarias podemos contribuir de manera significativa a proteger el planeta. Adoptar hábitos sostenibles no solo beneficia al medio ambiente, sino que también te convierte en una persona más consciente y responsable con el mundo que te rodea. Ser una chica verde no significa hacer cambios radicales, sino incorporar pequeñas acciones que, a largo plazo, tienen un gran impacto en la preservación de los recursos naturales y en la reducción de tu huella ecológica.

Estas son algunas acciones diarias que puedes implementar fácilmente en tu vida para cuidar el planeta, desde el manejo adecuado de los residuos hasta la reducción del consumo de recursos.

1. Reduce, reutiliza y recicla

Una de las maneras más simples y efectivas de cuidar el medio ambiente es aplicar la regla de las tres R: Reducir, Reutilizar y Reciclar. Estas prácticas son esenciales para disminuir la cantidad de residuos que generamos y aprovechar al máximo los recursos que ya tenemos.

Reducir significa ser consciente de lo que consumes y evitar productos innecesarios o que tienen un impacto negativo en el medio ambiente. Esto puede incluir evitar el uso excesivo de plásticos de un solo uso, como bolsas, botellas o utensilios de plástico. En lugar de ellos, opta por alternativas reutilizables, como botellas de agua de acero inoxidable, bolsas de tela para tus compras y envases reutilizables para llevar comida.

Reutilizar consiste en darle una segunda vida a los objetos que ya tienes en lugar de desecharlos. Por ejemplo, si tienes frascos de vidrio de productos que has comprado, puedes reutilizarlos para almacenar alimentos, como recipientes para manualidades o incluso como decoraciones. También puedes reutilizar ropa o accesorios intercambiando prendas con amigas o dando una segunda oportunidad a tus cosas antes de comprar nuevas.

Reciclar es otra acción clave. Asegúrate de separar correctamente los residuos en tu hogar y llevar el material reciclable a los contenedores adecuados. Investiga cómo se gestiona el reciclaje en tu ciudad y sigue las instrucciones para separar correctamente el papel, plástico, vidrio y metales. Reciclar reduce la cantidad de residuos que terminan en vertederos y ayuda a reutilizar materiales que pueden ser transformados en nuevos productos.

Más adelante veremos cómo aplicar de forma correcta las tres R.

2. Reduce el consumo de energía

Ahorrar energía es una forma directa de reducir tu impacto ambiental y, al mismo tiempo, ahorrar dinero en tus facturas de luz. Aunque puede parecer que tus acciones individuales no tienen un gran efecto, si todos adoptamos pequeños cambios en nuestra vida diaria, el impacto acumulado es enorme.

Un buen hábito es apagar las luces y los electrodomésticos cuando no los estés usando. No dejes los dispositivos en modo de espera, ya que siguen consumiendo energía. Opta por bombillas de bajo consumo o LED, que duran más tiempo y consumen menos energía que las bombillas tradicionales.

También puedes reducir el uso del aire acondicionado o la calefacción ajustando ligeramente la temperatura en casa y aprovechando recursos naturales como abrir las ventanas para ventilar o usar ropa más adecuada para cada temporada. Si necesitas calentar una habitación, prueba usar mantas o vestirte más abrigada antes de recurrir a la calefacción en su máxima potencia.

Otro consejo es desenchufar los cargadores cuando no los estás utilizando, ya que muchos dispositivos siguen consumiendo energía incluso si no están cargando un dispositivo activamente. Ser consciente de tu consumo energético ayuda a reducir las emisiones de carbono y contribuye al ahorro de recursos energéticos.

3. Opta por el transporte sostenible

El transporte es una de las principales fuentes de emisiones de gases de efecto invernadero, y una forma importante de reducir tu huella de carbono es optar por medios de transporte más sostenibles. Si bien no siempre es posible evitar el uso de automóviles o transporte público, hay alternativas que puedes adoptar para moverte de manera más ecológica.

Si las distancias lo permiten, elige caminar o andar en bicicleta en lugar de usar el coche o el autobús. No solo es una opción más amigable con el medio ambiente, sino que también es una forma excelente de mantenerte activa y mejorar tu salud. Si necesitas usar el transporte público, busca la opción más eficiente en términos de energía, como el tren o el metro, que generan menos emisiones que los automóviles.

Si tienes la opción de compartir el coche con amigos o familiares para ir a la escuela o al trabajo, es otra forma de reducir el número de vehículos en la carretera y, con ello, las emisiones de CO2. Además, si algún día necesitas comprar un coche, considera los vehículos híbridos o eléctricos, que son más sostenibles en comparación con los autos que funcionan exclusivamente con gasolina.

4. Cuida el uso del agua

El agua es un recurso limitado, y aprender a usarla de manera eficiente es fundamental para proteger el planeta. Adoptar pequeños cambios en tu rutina diaria puede marcar una gran diferencia en la cantidad de agua que consumes.

Empieza por cerrar el grifo cuando no lo estés utilizando, como al cepillarte los dientes o al lavarte las manos. También puedes reducir el tiempo que pasas en la ducha; una ducha rápida consume mucha menos agua que una larga, y aún te deja limpia y fresca.

Si lavas la ropa o los platos, asegúrate de hacerlo con cargas completas. Utilizar la lavadora o el lavavajillas cuando están completamente llenos es una manera eficiente de usar agua y energía. Además, si lavas platos a mano, llena el fregadero con agua para enjuagar en lugar de dejar el grifo abierto todo el tiempo.

Otro consejo es recolectar agua de lluvia si tienes la oportunidad, para usarla en la limpieza del hogar o en el riego de plantas. De esta manera, aprovechas el agua de una fuente natural en lugar de consumir agua potable innecesariamente.

5. Compra de manera consciente

Cada compra que haces tiene un impacto en el medio ambiente, desde la producción de los productos hasta su empaque y transporte. Por eso, es importante adoptar un enfoque de compra consciente, eligiendo productos que sean sostenibles, éticos y que generen el menor impacto posible.

Opta por productos que tengan menos embalaje o que utilicen materiales reciclables. Cada vez más marcas ofrecen opciones de productos que son amigables con el medio ambiente, como cosméticos libres de crueldad animal, ropa hecha con materiales sostenibles o alimentos orgánicos que no utilizan pesticidas dañinos.

Comprar de manera local también es una gran manera de reducir el impacto ambiental. Al apoyar a productores y marcas locales, reduces la huella de carbono asociada al transporte de productos de lugares lejanos, y contribuyes a la economía local.

Otra opción es comprar artículos de segunda mano. Comprar ropa, muebles o artículos usados ayuda a reducir la demanda de productos nuevos y evita que más objetos terminen en vertederos. Las tiendas de segunda mano, los mercadillos y las plataformas de intercambio son lugares perfectos para encontrar tesoros únicos sin dañar el medio ambiente.

6. Planta árboles o crea un jardín urbano

Plantar árboles o participar en proyectos de reforestación es una manera activa de contribuir a la salud del planeta. Los árboles no solo embellecen el entorno, sino que también ayudan a absorber dióxido de carbono (CO2), liberan oxígeno, y proporcionan sombra, lo que ayuda a regular la temperatura en áreas urbanas.

Si tienes un jardín en casa, considera cultivar plantas locales o comestibles, como hierbas, vegetales o flores que atraigan a polinizadores como abejas y mariposas. Si no tienes espacio para un jardín grande, puedes crear un pequeño jardín urbano en tu balcón o terraza, utilizando macetas y espacios verticales para cultivar plantas.

Tener plantas en casa no solo mejora la calidad del aire y aporta al medio ambiente, sino que también puede ser una actividad relajante y gratificante. Cuidar de las plantas te conecta con la naturaleza y te enseña a valorar más el entorno natural.

7. Educa a los demás sobre la importancia del medio ambiente

Convertirte en una chica verde también implica compartir tus conocimientos y promover el cuidado del medio ambiente entre quienes te rodean. Puedes influir positivamente en tu familia, amigos y comunidad al hablar sobre los beneficios de adoptar hábitos sostenibles.

Por ejemplo, puedes organizar actividades para limpiar áreas verdes o recolectar residuos en tu vecindario, o incluso participar en campañas de reciclaje en tu escuela. Ser parte de iniciativas medioambientales te permitirá involucrarte activamente y contribuir a crear conciencia sobre la importancia de proteger el planeta.

La educación ambiental es clave para fomentar un cambio a largo plazo. Hablar sobre estos temas y mostrar con tu propio ejemplo cómo llevar una vida más respetuosa con el medio ambiente puede inspirar a otros a hacer lo mismo.

Cómo Reducir, Reutilizar y Reciclar Correctamente

1. Reducir: El primer paso hacia la sostenibilidad

Este es el primer y más importante paso de las tres R, ya que al reducir el consumo innecesario, estamos atacando el problema desde la raíz.

Algunas formas de reducir en tu vida diaria incluyen:

- **Evitar productos de un solo uso**: Los plásticos de un solo uso, como las botellas de agua, los cubiertos desechables o las bolsas de plástico, son grandes contribuyentes a la contaminación ambiental. Opta por alternativas reutilizables, como botellas de acero inoxidable, bolsas de tela para tus compras, y pajillas de bambú o acero.
- **Comprar solo lo necesario**: Una de las claves para reducir el desperdicio es ser consciente de lo que realmente necesitas. Antes de hacer una compra, pregúntate si es un producto que realmente usarás o si terminará en la basura en poco tiempo. Evitar las compras impulsivas no solo te ayudará a reducir residuos, sino que también te permitirá ahorrar dinero.
- **Elegir productos con menos empaque**: Cuando hagas tus compras, presta atención a la cantidad de empaque que tienen los productos. Elige productos que vengan en envases minimalistas o hechos de materiales reciclables. Algunos supermercados incluso permiten que lleves tus propios envases para comprar alimentos a granel, lo que reduce significativamente la cantidad de plástico que utilizas.
- **Optar por productos de calidad**: Comprar productos duraderos y de buena calidad, en lugar de aquellos que se dañan rápidamente o tienen una vida útil corta, te permitirá reducir la cantidad de cosas que debes desechar. Invertir en artículos que perduren a lo largo del tiempo reduce el consumo innecesario.

El objetivo de reducir es consumir de manera más consciente y ser selectiva con los productos que adquieres, asegurándote de que realmente necesitas y aprovecharás cada cosa que compres.

2. Reutilizar: Dale una segunda vida a los objetos

Esto no solo reduce la cantidad de basura que generas, sino que también ayuda a ahorrar recursos, ya que no necesitas adquirir nuevos productos constantemente.

Algunas formas de reutilizar de manera creativa son:

- **Ropa y accesorios**: Antes de desechar prendas de ropa o accesorios que ya no usas, piensa en cómo podrías darles una nueva vida. Puedes renovar tu ropa personalizando prendas antiguas, intercambiarlas con amigas o donarlas a organizaciones benéficas para que alguien más las aproveche. También puedes comprar ropa de segunda mano, lo que ayuda a reducir la demanda de nuevos productos textiles.
- **Envases y recipientes**: Los frascos de vidrio, los envases de plástico y las latas pueden reutilizarse de múltiples maneras. Úsalos como contenedores para almacenar alimentos, organizar pequeños objetos en casa, o incluso como macetas para plantas. Reutilizar estos envases es una excelente forma de reducir el uso de plásticos de un solo uso.
- **Materiales de oficina**: En lugar de desechar hojas de papel usadas por un solo lado, úsalas para notas o bocetos. Reutilizar papel es una excelente forma de reducir el desperdicio y aprovechar al máximo los materiales que ya tienes.
- **Transformar objetos viejos**: La creatividad juega un papel importante en la reutilización. Puedes transformar muebles viejos dándoles una nueva capa de pintura o un

diseño renovado, o reutilizar cajas de cartón para organizar tus cosas. La reutilización no solo es amigable con el medio ambiente, sino que también te permite **ahorrar dinero** y crear cosas únicas para tu hogar.

La reutilización es una forma divertida de ser más sostenible, ya que te permite dar una segunda vida a los objetos y minimizar el consumo innecesario.

3. Reciclar: Un proceso esencial para cerrar el ciclo

Este paso es fundamental para evitar que los residuos terminen en los vertederos o en el océano. Sin embargo, para que el reciclaje sea efectivo, es importante hacerlo correctamente y seguir las normas de separación y clasificación de materiales.

Para reciclar de manera eficiente, sigue estos consejos:

- **Separa correctamente los residuos**: Infórmate sobre las reglas de reciclaje en tu ciudad y sigue las instrucciones para clasificar los residuos. Los materiales más comunes que se pueden reciclar son el papel, cartón, plástico, vidrio y metales. Asegúrate de separar los desechos reciclables de los orgánicos y del resto de la basura.
- **Limpia los materiales reciclables**: Antes de reciclar envases de plástico, vidrio o latas, enjuágalos para eliminar restos de comida o líquidos. Los materiales contaminados con residuos pueden dañar el proceso de reciclaje, por lo que es importante que estén limpios antes de ser enviados a los centros de reciclaje.
- **Conoce qué plásticos se pueden reciclar**: No todos los plásticos son reciclables, por lo que es fundamental que aprendas a identificar los tipos de plástico que se aceptan en los centros de reciclaje. Los plásticos con el símbolo de reciclaje y los números 1 y 2 (como botellas de agua y

envases de alimentos) son los más comunes. Los plásticos con los números 3, 6 y 7, como las bolsas de plástico o los utensilios desechables, suelen ser más difíciles de reciclar.

- **Lleva materiales especiales a puntos de reciclaje específicos**: Algunos materiales, como baterías, aparatos electrónicos, pilas o bombillas, requieren un tratamiento especial y no deben desecharse con el resto de la basura. Busca centros de reciclaje específicos en tu ciudad que recojan este tipo de residuos y asegúrate de llevarlos allí para que se procesen de manera adecuada.

Reciclar correctamente ayuda a cerrar el ciclo de vida de los productos y reduce la cantidad de recursos naturales necesarios para fabricar nuevos artículos. Al seguir estos pasos, contribuyes a una economía circular, donde los materiales se reutilizan y transforman en nuevos productos, en lugar de ser desechados.

Participación en Actividades Ecológicas desde tu Comunidad

El cuidado del medio ambiente no solo implica adoptar hábitos sostenibles en tu vida diaria, sino también involucrarte en tu comunidad para generar un impacto positivo a mayor escala. Participar en actividades ecológicas dentro de tu entorno es una excelente manera de aprender más sobre sostenibilidad, inspirar a otros y trabajar en equipo para lograr cambios significativos. Además, estas actividades te conectan con personas que comparten tus intereses, lo que te brinda la oportunidad de formar parte de un movimiento colectivo que busca proteger el planeta.

Ahora te explicaré como existen diferentes maneras en las que puedes participar en actividades ecológicas desde tu comunidad, desde organizar limpiezas de espacios naturales hasta promover el reciclaje y la educación ambiental.

1. Organiza o participa en limpiezas de áreas verdes

Las limpiezas de áreas verdes son una forma práctica y efectiva de contribuir al medio ambiente. Muchas veces, los parques, playas, ríos o espacios naturales cercanos acumulan basura que no solo afecta su apariencia, sino que también pone en riesgo la vida silvestre y la calidad del aire y del agua. Organizar o participar en una limpieza de estos espacios es una manera directa de mejorar el entorno natural y de crear conciencia sobre la importancia de mantener los espacios públicos libres de basura.

Para organizar una limpieza, puedes seguir estos pasos:

- **Forma un grupo de voluntarios**: Invita a amigos, familiares o compañeros de escuela a participar en la limpieza. Cuantas más personas se unan, mayor será el impacto.
- **Elige un lugar para limpiar**: Puede ser un parque local, una playa cercana, un sendero o cualquier área natural que necesite atención. Asegúrate de pedir permiso a las autoridades si es necesario.
- **Reúne los materiales necesarios**: Lleva bolsas de basura, guantes, pinzas para recoger residuos y contenedores para separar los materiales reciclables. Si es posible, utiliza bolsas biodegradables para minimizar el impacto.
- **Promueve el evento en redes sociales o en tu escuela**: Invita a más personas a unirse y sensibiliza a la comunidad sobre la importancia de mantener el entorno limpio.

Las limpiezas no solo ayudan a mejorar el aspecto de las áreas naturales, sino que también te permiten conectarte con tu comunidad y **motivar a otros a cuidar el planeta**.

2. Únete a grupos o clubes ecológicos

Otra forma excelente de participar en actividades ecológicas es unirte a grupos o clubes ecológicos en tu comunidad o escuela. Estos grupos suelen estar compuestos por personas que comparten un interés común por el medio ambiente y que se reúnen para realizar actividades relacionadas con la protección de la naturaleza y la promoción de la sostenibilidad.

Los clubes ecológicos pueden organizar eventos, como:

- **Campañas de reciclaje**: Promueven la correcta separación de residuos, recolectan materiales reciclables o incluso organizan concursos para fomentar el reciclaje en la escuela o el vecindario.
- **Jornadas de plantación de árboles**: Ayudan a reforestar áreas degradadas, aumentar la biodiversidad y mejorar la calidad del aire.
- **Charlas y talleres educativos**: Informan a la comunidad sobre temas ambientales, como el cambio climático, la conservación del agua o la reducción del consumo de plásticos.

Al unirte a un club ecológico, no solo tendrás la oportunidad de aprender más sobre temas ambientales, sino que también podrás inspirar a otros a involucrarse y multiplicar el impacto de tus acciones.

3. Participa en programas de voluntariado ambiental

El **voluntariado** ambiental es una excelente manera de contribuir activamente a la conservación del medio ambiente. Existen muchas organizaciones que buscan voluntarios para participar en proyectos que van desde la protección de la vida silvestre hasta la restauración de ecosistemas. Algunos ejemplos de actividades en las que puedes participar como voluntaria son:

- **Programas de conservación de fauna y flora**: Colabora en refugios de animales, centros de rehabilitación de vida silvestre o proyectos de conservación de especies en peligro.
- **Restauración de ecosistemas**: Ayuda a reforestar bosques, restaurar áreas afectadas por incendios o proteger humedales y áreas protegidas.
- **Educación ambiental**: Participa en actividades que enseñen a otras personas sobre la importancia de cuidar el medio ambiente, como visitas a escuelas, talleres para niños o ferias ecológicas.

Si estás interesada en ser voluntaria, busca organizaciones locales o internacionales que ofrezcan programas ambientales. El voluntariado no solo es una forma de hacer una diferencia, sino que también te brinda la oportunidad de adquirir nuevas habilidades y experiencias.

4. Promueve el reciclaje y la correcta gestión de residuos

El **reciclaje** es una de las prácticas ecológicas más importantes para reducir el impacto ambiental, pero muchas personas aún no conocen la forma correcta de separar los residuos o la importancia de reciclar. Puedes desempeñar un papel activo en tu comunidad promoviendo el reciclaje y ayudando a educar a otros sobre la correcta gestión de los residuos.

Algunas ideas para promover el reciclaje incluyen:

- **Colocar puntos de recolección de materiales reciclables** en tu escuela, vecindario o lugar de trabajo, donde las personas puedan dejar plásticos, papel, vidrio o metales.
- **Organizar campañas de concienciación sobre el reciclaje** en redes sociales o en eventos locales, informando sobre qué materiales se pueden reciclar y cómo hacerlo de manera efectiva.
- **Crear talleres o charlas** para enseñar a los demás cómo reducir, reutilizar y reciclar correctamente. Puedes incluir información sobre la clasificación de residuos, el compostaje de desechos orgánicos y la importancia de evitar productos de un solo uso.

Al educar a tu comunidad sobre la gestión adecuada de residuos, ayudas a reducir la cantidad de basura que llega a los vertederos y fomentas un enfoque más sostenible.

5. Participa en ferias o mercados ecológicos

Las ferias y mercados ecológicos son eventos donde se promueven productos sostenibles, alimentos orgánicos y alternativas ecoamigables. Participar en estas actividades es una excelente manera de aprender sobre estilos de vida sostenibles, conocer nuevas iniciativas locales y apoyar a los productores y artesanos que trabajan de manera responsable con el medio ambiente.

Si en tu comunidad se organizan ferias ecológicas, asiste y aprovecha para:

- **Comprar productos locales y sostenibles**: Al elegir productos hechos localmente y con métodos de producción amigables con el medio ambiente, estás apoyando prácticas que reducen la huella de carbono.

- **Asistir a talleres y charlas**: Aprende sobre temas como la agricultura ecológica, la cosmética natural o la moda sostenible. Muchas veces, estos eventos ofrecen actividades educativas gratuitas.
- **Difundir la información**: Invita a tus amigos y familiares a asistir, y comparte en tus redes sociales lo que aprendiste para motivar a otros a llevar un estilo de vida más verde.

Al involucrarte en estas actividades, estarás promoviendo un consumo consciente y fortaleciendo el movimiento de sostenibilidad en tu comunidad.

6. Inicia proyectos ambientales en tu escuela o vecindario

Si no encuentras actividades ecológicas en tu comunidad, inicia tus propios proyectos. No necesitas ser experta para comenzar; a veces, las ideas más simples pueden generar un gran impacto. Algunas sugerencias de proyectos ambientales son:

- **Crear un huerto comunitario**: Puedes trabajar con tus vecinos o compañeros de escuela para plantar un huerto urbano donde todos puedan aprender sobre la agricultura sostenible y cultivar alimentos de manera ecológica.
- **Implementar programas de compostaje**: Ayuda a tu escuela o comunidad a gestionar los residuos orgánicos mediante el compostaje, creando fertilizante natural para jardines y reduciendo la cantidad de basura que se genera.
- **Organizar concursos o retos ecológicos**: Establece desafíos para incentivar la reducción de residuos, el ahorro de agua o la reforestación. Puedes premiar a las

personas o grupos que logren los mejores resultados para motivar la participación.

Cuando tomas la iniciativa y organizas actividades ambientales, no solo estás haciendo un cambio positivo, sino que también inspiras a otros a ser parte de la solución.

7. Apoya campañas y peticiones ambientales

Muchas campañas y peticiones ambientales buscan generar cambios en las políticas y prácticas que afectan al medio ambiente. Al apoyar estas iniciativas, ya sea firmando peticiones, compartiendo información en redes sociales o participando en protestas pacíficas, puedes ayudar a crear conciencia sobre problemas ambientales importantes y contribuir a que se tomen medidas concretas para solucionarlos.

Busca organizaciones y campañas que promuevan causas que te interesen, como la protección de especies en peligro, la lucha contra el cambio climático o la reducción del uso de plásticos. Participar en estos movimientos te brinda la oportunidad de unirte a esfuerzos colectivos y presionar a las autoridades y empresas para que adopten políticas más sostenibles.

Capítulo 5: Emergencias, Redes Sociales y Autoprotección

"Tu seguridad en línea es tan importante como tu seguridad fuera de ella; cuida tus límites y protégete siempre."
— *Anónimo*

¿Qué hacer en caso de emergencia?

Preparándote para Emergencias: Qué Llevar en tu Mochila

Estar preparada para una emergencia es fundamental para mantener la calma y actuar de manera efectiva cuando surgen situaciones imprevistas. Ya sea en caso de desastres naturales, accidentes o cualquier otra emergencia, tener una mochila con los elementos esenciales puede marcar la diferencia entre una situación manejable y una experiencia angustiante.

El objetivo de una **mochila de emergencia** es reunir todo lo necesario para sobrevivir al menos 72 horas en caso de que necesites evacuar rápidamente o quedarte sin acceso a servicios básicos. La mochila debe ser ligera y cómoda de llevar, ya que es posible que tengas que cargarla durante un tiempo prolongado. Para que sea efectiva, la mochila debe estar equipada con artículos que te ayuden a satisfacer tus necesidades básicas, como alimentación, hidratación, protección y comunicación.

Para empezar, asegúrate de incluir **agua potable** suficiente para al menos tres días. Lo ideal es llevar botellas pequeñas que puedas consumir gradualmente, o bolsas especiales de agua potable que ocupan menos espacio. Los filtros portátiles o tabletas purificadoras de agua son útiles en caso de que necesites potabilizar agua de una fuente natural.

También es fundamental llevar **alimentos no perecederos** que te proporcionen la energía necesaria. Las barras energéticas, los frutos secos y las latas de comida que no requieran cocción son opciones prácticas. Es importante que elijas alimentos que te gusten y que tengan un alto valor nutritivo, ya que en una emergencia necesitas mantenerte fuerte y con energía.

El **kit de primeros auxilios** no puede faltar en tu mochila. Debe incluir elementos básicos como vendas, gasas, desinfectante, analgésicos, antisépticos y cualquier medicamento personal que puedas necesitar. Asegúrate de revisar regularmente los artículos del kit para asegurarte de que no hayan expirado y de que estén en buen estado.

Llevar **ropa adecuada** para diferentes condiciones climáticas es otro aspecto crucial. Considera incluir una muda de ropa completa, calcetines extras, un impermeable o poncho para la lluvia y una manta térmica de emergencia. La ropa adicional puede ayudarte a mantenerte seca y abrigada si las condiciones climáticas cambian repentinamente.

También es recomendable incluir **herramientas multifuncionales**, como una navaja suiza, que te puede ser útil para cortar cuerdas, abrir latas o realizar reparaciones. Una linterna con baterías de repuesto es esencial para iluminarte en caso de cortes de energía, y un silbato puede ayudarte a llamar la atención si necesitas pedir ayuda.

No olvides llevar **artículos de higiene personal**, como papel higiénico, toallitas húmedas, gel antibacterial y artículos femeninos si los necesitas. Mantener la higiene durante una emergencia es importante para evitar infecciones o problemas de salud.

Para la comunicación, asegúrate de tener un **cargador portátil** para tu teléfono móvil, además de una lista con los números de emergencia escritos en papel por si te quedas sin batería o señal. Una radio portátil, preferiblemente a pilas, es útil para mantenerte informada de las noticias y alertas en tiempo real, especialmente si la red móvil está caída.

Por último, es importante llevar **copias de documentos importantes**, como tu identificación, tarjetas médicas y un pequeño monto de dinero en efectivo, ya que podrías necesitarlo si los servicios electrónicos no están disponibles.

Cómo Pedir Ayuda y a Quién Acudir en Situaciones Peligrosas

Saber cómo pedir ayuda y a quién acudir en situaciones peligrosas es fundamental para mantenerte segura y gestionar la emergencia de la mejor manera posible. Actuar con rapidez y claridad puede marcar la diferencia, ya sea en casos de accidentes, desastres naturales, amenazas o situaciones de riesgo personal.

En primer lugar, es importante mantener la calma. Si te encuentras en una situación peligrosa, respira profundamente e intenta mantener la mente clara para evaluar qué está ocurriendo y qué tipo de ayuda necesitas. El pánico puede dificultar tu capacidad para tomar decisiones acertadas y puede hacer que pierdas tiempo valioso. Si necesitas ayuda inmediata, llama a los servicios de emergencia tan pronto como sea posible. En la mayoría de los países, el número general para emergencias es el 911, pero es recomendable que conozcas los números de emergencia locales, como bomberos, policía y servicios médicos.

Cuando te comuniques con los servicios de emergencia, es fundamental que proporciones información clara y precisa sobre lo que está ocurriendo. Indica tu ubicación exacta, el tipo de emergencia y cualquier detalle relevante, como si hay personas heridas o atrapadas. Responde a las preguntas del operador con calma y sigue sus instrucciones. En algunas situaciones, te pedirán que permanezcas en la línea hasta que llegue la ayuda.

Si no puedes comunicarte directamente con los servicios de emergencia, busca a una persona cercana que pueda ayudarte. Esto puede incluir a un adulto de confianza, un vecino, un profesor o un trabajador en un lugar público. No tengas miedo de pedir ayuda a otras personas si te sientes en peligro; la mayoría de las personas estarán dispuestas a ayudarte. Si estás en un lugar público, como un centro comercial, un parque o una estación de transporte, busca a un guardia de seguridad o personal que trabaje en el lugar.

En algunas situaciones de peligro, como ser víctima de un delito o enfrentarte a una persona agresiva, es importante alejarte de la zona lo antes posible. Busca un lugar seguro donde puedas pedir ayuda sin exponerte a más riesgos. Puedes usar un silbato o hacer ruidos fuertes para atraer la atención de las personas cercanas. Si no hay nadie cerca, intenta refugiarte en un lugar seguro y cerrar la puerta o bloquear la entrada.

En caso de desastres naturales, como terremotos o inundaciones, sigue las instrucciones de las autoridades locales. Escucha las noticias en la radio o a través de tu teléfono, y mantente informada sobre las alertas y las rutas de evacuación. Acude a los refugios habilitados o a los centros de ayuda en caso de que necesites asistencia.

También es importante tener en cuenta que en situaciones de emergencias médicas, si alguien está herido o inconsciente, llama de inmediato a los servicios médicos de emergencia. Si tienes conocimientos básicos de primeros auxilios, úsalos para estabilizar a la persona mientras llega la ayuda, pero no intentes hacer maniobras que no conoces, ya que podrías empeorar la situación.

Por último, recuerda siempre tener a mano los números de emergencia y las direcciones de los lugares seguros. Mantén un plan de acción con tu familia y amigos para saber a quién contactar en caso de una emergencia grave y dónde reunirse si se pierden de vista.

Primeros Auxilios Básicos que Debes Conocer

En situaciones de emergencia, los primeros auxilios pueden marcar la diferencia entre la vida y la muerte. Tener conocimientos básicos sobre cómo actuar ante lesiones o problemas de salud comunes puede ayudarte a brindar ayuda inmediata y efectiva mientras llega la asistencia médica profesional. Aunque no necesitas ser experta para proporcionar primeros auxilios, aprender algunas técnicas esenciales puede ser útil para salvar vidas y reducir el impacto de una emergencia.

En primer lugar, ante cualquier situación de emergencia, es fundamental evaluar la escena y tu seguridad antes de acercarte a la persona que necesita ayuda. Asegúrate de que no haya peligros presentes, como incendios, cables eléctricos sueltos o tráfico. Si la situación es segura, puedes proceder a brindar primeros auxilios.

Uno de los problemas más comunes en las emergencias es el sangrado. Para detener un sangrado, aplica presión directa sobre la herida con una gasa o un paño limpio (si no tienes acceso inmediato a vendajes). Mantén la presión durante varios minutos para permitir que la sangre coagule y reduzca el flujo. Si el sangrado no se detiene, puedes usar un vendaje para hacer presión adicional, pero evita colocar torniquetes a menos que sea absolutamente necesario, ya que pueden causar daño si no se aplican correctamente.

En caso de quemaduras, es importante enfriar la zona afectada de inmediato. Si la quemadura es leve, coloca la zona bajo agua fría corriente durante 10 a 15 minutos para reducir el dolor y la inflamación. No uses hielo directamente sobre la quemadura, ya que podría dañar más la piel. Si la quemadura es grave, no intentes quitar la ropa que esté pegada a la piel y busca ayuda médica lo antes posible.

Si una persona sufre de asfixia y no puede respirar, debes actuar rápido. La técnica de compresiones abdominales (también conocida como maniobra de Heimlich) puede ayudar a expulsar el objeto que está bloqueando la vía aérea. Para realizar esta maniobra, ponte detrás de la persona, rodea su cintura con tus brazos y presiona el abdomen hacia adentro y hacia arriba, justo por encima del ombligo. Repite el movimiento hasta que el objeto sea expulsado o llegue la ayuda profesional.

En situaciones de fracturas o huesos rotos, es crucial inmovilizar la zona afectada para evitar un mayor daño. No intentes mover el hueso o colocarlo en su lugar, ya que esto podría empeorar la lesión. Si es posible, usa una férula o un objeto rígido (como una tabla o un periódico enrollado) para estabilizar el hueso roto mientras esperas la llegada de los servicios médicos.

Otra condición común en emergencias son los desmayos. Si una persona pierde el conocimiento, asegúrate de que esté en una posición segura, acostándola boca arriba y levantando ligeramente sus piernas para mejorar el flujo de sangre al cerebro. Si la persona no recupera la conciencia en un minuto, o si tiene problemas para respirar, llama a los servicios de emergencia.

La resucitación cardiopulmonar (RCP) es una técnica de primeros auxilios crucial para las personas que sufren un paro cardíaco. La RCP combina compresiones torácicas con respiración boca a boca para ayudar a que la sangre siga circulando y a mantener la oxigenación en el cuerpo. Si no estás capacitada en RCP, lo mejor es realizar solo las compresiones torácicas, presionando firmemente el centro del pecho de la persona a un ritmo de 100-120 compresiones por minuto, hasta que llegue la ayuda médica.

Seguridad y autenticidad online

Cómo Proteger tu Privacidad en Internet

En la era digital, proteger tu privacidad en internet es esencial para mantener tus datos personales seguros y evitar problemas como el robo de identidad, el acoso en línea o el uso no autorizado de tu información. Las redes sociales y otras plataformas en línea pueden ser una excelente herramienta para conectar con personas y aprender, pero también pueden representar riesgos si no se manejan con precaución. Aquí te comparto algunos consejos para proteger tu privacidad y navegar en internet de forma segura.

Configura la privacidad de tus perfiles en redes sociales
La mayoría de las plataformas de redes sociales tienen opciones de privacidad que te permiten controlar quién puede ver tu información, tus publicaciones y tus fotos. Ajusta la configuración de tus perfiles para que solo tus amigos o seguidores aprobados puedan acceder a tu contenido. Evita hacer públicos detalles personales como tu dirección, escuela, número de teléfono o ubicación actual.
Revisa también la configuración de etiquetado de fotos y menciones. Puedes establecer que se requiera tu aprobación antes de que alguien pueda etiquetarte en una foto o publicación. De esta manera, tendrás más control sobre lo que aparece en tu perfil.

Usa contraseñas fuertes y únicas
Las contraseñas son una de las primeras líneas de defensa para proteger tu privacidad en internet. Asegúrate de usar contraseñas fuertes, que incluyan una combinación de letras mayúsculas y minúsculas, números y símbolos. Evita utilizar información personal, como tu nombre, fecha de nacimiento o palabras comunes, ya que son fáciles de adivinar.
También es importante que uses contraseñas únicas para cada cuenta. Si utilizas la misma contraseña en varios sitios y uno de ellos es hackeado, todas tus cuentas podrían verse comprometidas. Para facilitar la gestión de contraseñas, considera usar un administrador de contraseñas, que te ayudará a generar y almacenar contraseñas seguras.

Activa la verificación en dos pasos

La verificación en dos pasos o autenticación de dos factores (2FA) añade una capa adicional de seguridad a tus cuentas. Esta función requiere que, además de ingresar tu contraseña, verifiques tu identidad con un código que se envía a tu teléfono o correo electrónico. Esto hace más difícil que alguien acceda a tu cuenta, incluso si conoce tu contraseña.

Activa la verificación en dos pasos en todas las plataformas que ofrezcan esta opción, como redes sociales, correos electrónicos y servicios de banca en línea.

Ten cuidado con la información que compartes

Es fácil compartir demasiada información en las redes sociales sin darte cuenta. Ten cuidado al publicar detalles sobre tu vida diaria, especialmente información que podría ser utilizada para adivinar tus contraseñas o responder preguntas de seguridad, como el nombre de tu mascota, la escuela a la que asistes o el lugar donde naciste.

Antes de compartir algo, pregúntate si es necesario y si te sentirías cómoda si esa información fuera accesible para cualquier persona. Limita la cantidad de detalles personales y evita publicar tu ubicación en tiempo real.

Ten cuidado con los enlaces y mensajes sospechosos

Los ataques de phishing son muy comunes en internet y consisten en engañar a las personas para que hagan clic en enlaces maliciosos o proporcionen información personal. Si recibes un mensaje o correo electrónico que parece sospechoso, incluso si parece venir de alguien que conoces, no hagas clic en los enlaces ni descargues archivos adjuntos sin verificar la autenticidad del mensaje.

Siempre es mejor confirmar directamente con la persona si te envió el mensaje o verificar la URL del sitio antes de ingresar tus credenciales de inicio de sesión. Muchos sitios maliciosos se hacen pasar por plataformas legítimas para robar información personal.

Revoca permisos de aplicaciones y sitios web

A menudo, las aplicaciones y sitios web que usas te piden permiso para acceder a tu cuenta de redes sociales o correo electrónico. Si ya no usas una aplicación o si no estás segura de los permisos que le has dado, es importante que los revoques para proteger tu privacidad.

La mayoría de las redes sociales y servicios en línea tienen una sección en la configuración de seguridad donde puedes ver y gestionar los permisos de aplicaciones de terceros. Elimina el acceso a aquellas aplicaciones que ya no necesitas o en las que no confías.

Controla la información de ubicación

Muchas aplicaciones solicitan acceso a tu ubicación para ofrecerte servicios personalizados, pero no siempre es necesario compartir esta información. Revisa las aplicaciones que tienen acceso a tu ubicación y limita su uso solo a cuando sea necesario. Por ejemplo, puedes desactivar la ubicación para aplicaciones de redes sociales y mantenerla activa solo para servicios de navegación.

Si decides compartir tu ubicación en redes sociales, hazlo con precaución. Evita compartir tu ubicación en tiempo real y ten en cuenta que los servicios de etiquetado geográfico en las fotos también pueden revelar tu ubicación sin que lo notes.

Elimina cuentas antiguas o inactivas

Las cuentas antiguas o inactivas pueden ser un riesgo de seguridad si no las gestionas adecuadamente. Si tienes cuentas en sitios web o servicios que ya no usas, es mejor eliminarlas o desactivarlas para evitar que alguien pueda acceder a ellas.

Incluso si crees que esas cuentas ya no contienen información importante, podrían tener datos personales o antiguos correos electrónicos que podrían ser utilizados para comprometer otras cuentas.

Configura alertas de inicio de sesión

Muchas plataformas ofrecen la opción de configurar alertas de inicio de sesión para notificarte si alguien accede a tu cuenta desde un dispositivo o ubicación desconocida. Estas alertas pueden enviarse a tu correo electrónico o teléfono, y te permitirán actuar rápidamente en caso de un intento de hackeo. Si recibes una alerta de inicio de sesión sospechoso, cambia tu contraseña de inmediato y revisa la configuración de seguridad de la cuenta para asegurarte de que no haya cambios no autorizados.

Usa una VPN para proteger tu conexión

Cuando te conectas a internet a través de redes públicas, como el wifi en cafeterías o aeropuertos, es recomendable usar una **Red Privada Virtual (VPN)** para proteger tu conexión. Una VPN cifra tus datos y oculta tu dirección IP, lo que dificulta que los hackers accedan a tu información personal, esto es principalmente útil cuando viajes a otros lugares.

Asegúrate de elegir un servicio de VPN confiable y úsalo cada vez que te conectes a una red pública para mantener tus datos seguros.

Proteger tu privacidad en internet requiere estar alerta y adoptar buenas prácticas de seguridad. Al seguir estos consejos, estarás mejor preparada para navegar de manera segura y proteger tu información personal en el entorno digital.

Conclusión: Recuerda, Eres Increíble

Al llegar al final de este manual, quiero que te tomes un momento para reflexionar sobre el viaje de crecimiento personal que has emprendido. La adolescencia es una etapa de cambios, desafíos y descubrimientos constantes, pero también es un momento único en tu vida para aprender, crecer y convertirte en la mejor versión de ti misma. Cada capítulo ha sido diseñado para brindarte herramientas que te ayuden a enfrentar el mundo con confianza, tomar decisiones saludables y encontrar tu lugar en la sociedad, siempre recordando que tu valor no depende de lo que otros piensen, sino de quién eres en tu interior.

El crecimiento personal es un proceso continuo. A lo largo de tu vida, te enfrentarás a nuevos retos y experiencias que pondrán a prueba lo que has aprendido, pero eso no debe asustarte. Todo lo que necesitas para superar cualquier obstáculo ya está dentro de ti. A medida que sigas explorando, aprendiendo y evolucionando, descubrirás que cada error, cada caída y cada momento difícil son oportunidades para crecer y fortalecerte. No hay una "línea de meta" en este camino; en lugar de eso, el crecimiento personal consiste en disfrutar cada paso, aprender de cada lección y estar abierta a reinventarte tantas veces como sea necesario.

Para seguir cultivando tu felicidad y bienestar a lo largo del tiempo, es importante que continúes practicando el autocuidado y nutriendo tanto tu mente como tu cuerpo. Dedica tiempo a las cosas que te hacen feliz, ya sea un pasatiempo, pasar tiempo con tus seres queridos o simplemente tomarte un respiro para relajarte. El bienestar no es un estado al que llegas, sino un hábito que construyes día a día. Mantente curiosa y dispuesta a aprender, no solo de los libros o de la escuela, sino también de las personas que te rodean, las experiencias nuevas y tus propias emociones. Escucha tus pensamientos y tus sentimientos, y no tengas miedo de pedir ayuda si la necesitas.

Recuerda también la importancia de rodearte de personas que te apoyen, te respeten y te impulsen a ser mejor. Las personas que elijas tener en tu vida pueden influir en tu forma de ver el mundo y en cómo te sientes contigo misma, así que asegúrate de que las relaciones que cultives sean aquellas que te hagan sentir valorada y querida.

Quiero dejarte con algunas palabras de empoderamiento y motivación: Eres capaz de más de lo que imaginas. Tu fuerza no se mide por lo que logras, sino por la valentía con la que enfrentas tus miedos y te levantas después de cada caída. No permitas que nadie, ni siquiera tú misma, te haga sentir que no eres suficiente, porque lo eres. Eres suficiente tal como eres.

No temas ser auténtica, porque es en tu autenticidad donde reside tu poder. Comparte tu voz, lucha por tus sueños, y nunca dejes que las expectativas de otros limiten tus aspiraciones. El mundo necesita chicas como tú: valientes, curiosas y llenas de esperanza. No olvides que estás en constante transformación y que siempre puedes decidir quién quieres ser.

Así que sigue adelante, creyendo en ti misma, tomando cada día como una nueva oportunidad para crecer y recordando que ser adolescente no es fácil, pero te está preparando para cosas asombrosas. La vida es un gran viaje y tú estás apenas comenzando a recorrerlo. ¡Confía en tu capacidad para superar cualquier desafío y nunca dejes de creer en tu potencial!

Recuerda siempre: eres increíble, tal y como eres, y el futuro está en tus manos.

¡Nos vemos pronto!

www.ingramcontent.com/pod-product-compliance
Lightning Source LLC
LaVergne TN
LVHW091207150826
845672LV00005B/1273

* 9 7 9 8 2 3 0 9 8 6 5 4 6 *